MANUAL DE
CRISTOLOGÍA
PARA LOS CATÓLICOS DE HOY

Claudio M. Burgaleta, SJ

LIBROS
LIGUORI

Con cariño y admiración, para Carmen María Cervantes, EdD,
Allan Figueroa Deck, SJ, y Verónica Méndez, RCD,
tres grandes educadores de la pastoral hispana en
Estados Unidos y fieles amigos de Jesucristo,
que inspiraron mi labor docente con nuestro pueblo.

Imprimi Potest:
Thomas D. Picton, CSsR
Provincial de la Provincia de Denver
Los Redentoristas

Imprimatur:
Reverendísimo Robert J. Hermann
Obispo Auxiliar de la Arquidiócesis de St. Louis

Publicado por Libros Liguori
Liguori, MO 63057-9999

Para hacer pedidos llame al 800-325-9521.
www.librosliguori.org

Copyright © 2010 Claudio M. Burgaleta

Library of Congress Cataloging-in-Publication Data

Burgaleta, Claudio M.
    Manual de cristología para los católicos de hoy / por Claudio M. Burgaleta.
        p. cm.
    Includes bibliographical references.
    ISBN 978-0-7648-1942-1
    1. Jesus Christ—History of doctrines. 2. Catholic Church—Doctrines—History.
I. Title.

    BT198.B848 2010
    232—dc22

2010009312

Las citas bíblicas son de *Biblia de América*, cuarta edición 1994.

Libros Liguori, una corporación sin fines de lucro, es un apostolado de los Redentoristas. Para más información, visite *Redemptorists.com*.

Impreso en Estados Unidos de América
21 20 19 18 17 / 5 4 3 2
Primera edición

ÍNDICE

INTRODUCCIÓN

Saludos

Este manual es una introducción a la rama de la teología que se especializa en investigar y entender la identidad y misión de Jesucristo, o sea la cristología. En la tradición católica teológica, la definición de la teología que más frecuentemente se ha utilizado es una frase latina del siglo XI de San Anselmo de Canterbury, *fides quaerens intellectum*. Esa frase se ha traducido de diversas maneras: fe que busca hacerse inteligible, reflexión crítica acerca de la fe, dar razón de la fe, explicar la fe de manera que tenga sentido para el presente. Todas estas interpretaciones de la frase famosa de San Anselmo tienen en común algo muy nuestro como católicos: la relación mutuamente esclarecedora de la fe y de la razón, ambos dones de Dios, aunque diferentes el uno del otro. La teología pues, es el pensar acerca de la fe o la revelación o la verdad que Dios nos ha dado acerca de sí mismo, especialmente en Jesucristo, la revelación perfecta de quien es Dios.

Por su parte, la cristología es aquella rama de la teología dogmática o sistemática que se interesa por la identidad y misión de Jesucristo. La sistemática busca entender las enseñanzas fundamentales de nuestra fe y cómo éstas se relacionan unas con otras. La teología sistemática trata de comprender los misterios religiosos afirmados por los dogmas de nuestra fe. En particular, la cristología investiga las fuentes de la teología católica, es decir, la Biblia, el Magisterio, la Tradición y el *sensus fidelium*, las cuales se relacionan con la identidad y misión de Jesucristo, y formula interpretaciones de los misterios de la fe allí contenidos para el creyente y para el contexto moderno en el cual vive. Este último paso del teólogo es a veces llamado una "correlación" entre el contenido cristiano, el contexto y el creyente moderno. Se trata de un proceso mutuo de interpelaciones entre las necesidades e interrogantes que el creyente moderno tiene de sus creencias acerca de Nuestro Señor y también entre el desafío que la fe le hace al mundo y al creyente contemporáneo.

Metas

Pero, ¿por qué un libro acerca de la cristología para laicos? ¿No es mejor dejar estos temas complicados para los sacerdotes y religiosas? ¿Qué puede aportarte como discípulo o discípula saber algo acerca de la cristología? ¿No basta leer los evangelios y el Catecismo de la Iglesia Católica? Pues, entender la cristología puede aportarte mucho. Puede darte desde un entendimiento más profundo de cómo la palabra de Dios presenta a Jesucristo con diferentes matices en los evangelios, hasta la manera como los teólogos y las teólogas de hoy tratan de presentar al Señor de maneras nuevas para entenderlo mejor hoy día. No hay que saber cristología para salvarse o ser un buen cristiano o una buena cristiana, sin embargo una sólida formación cristológica ayuda mucho para nuestro propio enriquecimiento y para nuestra preparación para comunicar ese gran regalo de Dios en fe que hemos recibido en Cristo Jesús y que queremos compartir con otros que no lo conocen.

Su Santidad Benedicto XVI nos ha recordado varias veces durante su pontificado que la meta de todo discípulo o discípula de Jesús es entablar una amistad con él:

¿Acaso no tenemos todos de algún modo miedo —si dejamos entrar a Cristo totalmente dentro de nosotros, si nos abrimos totalmente a él—, miedo de que él pueda quitarnos algo de nuestra vida? ¿Acaso no tenemos miedo de renunciar a algo grande, único, que hace la vida más bella? ¿No corremos el riesgo de encontrarnos luego en la angustia y vernos privados de la libertad? Y todavía el Papa quería decir: ¡no! quien deja entrar a Cristo no pierde nada, nada —absolutamente nada— de lo que hace la vida libre, bella y grande. ¡No! Sólo con esta amistad se abren las puertas de la vida. Sólo con esta amistad se abren realmente las grandes potencialidades de la condición humana. Sólo con esta amistad experimentamos lo que es bello y lo que nos libera. Así, hoy, yo quisiera, con gran fuerza y gran convicción, a partir de la experiencia de una larga vida personal, decir a todos vosotros, queridos jóvenes: ¡No tengáis miedo de Cristo! Él no quita nada, y lo da todo. Quien se da a él, recibe el ciento por uno. Sí, abrid, abrid de par en par las puertas a Cristo, y encontraréis la verdadera vida. Amén.[1]

---

1. Homilía de Benedicto XVI en la ocasión de la imposición del palio y entrega del anillo del pescador en el solemne inicio del ministerio petrino del obispo de Roma, Plaza de San Pedro, Ciudad del Vaticano, domingo 24 de abril, 2005. ©2005 Libreria Editrice Vaticana. http://www.vatican.va/holy_father/benedict_xvi/homilies/2005/documents/hf_ben-xvi_hom_20050424_inizio-pontificato_sp.html. Obtenido el 30 de octubre, 2009.

¿Y qué mejor manera hay para hacerse verdadero amigo de Jesucristo? Nuestro amor por el Señor crece a través de la oración, especialmente con los evangelios que nos revelan una imagen verdadera del mismo. La oración es acción del Espíritu Santo y por tanto regalo de Dios. Sin embargo esa gracia de Dios que nos proporciona una mayor amistad y amor del Señor puede aprovecharse del conocimiento, otro don que Dios nos dio a los seres humanos hechos a su imagen y semejanza. San Agustín, el maestro de teología de Benedicto XVI, nos recuerda que no se puede amar de verdad, si no conocemos al otro o a la otra, porque no hay un amor completo si no va acompañado del conocimiento de lo que o de quien se ama.[2] La idea y experiencia que inspiran estas páginas quieren proporcionarte una introducción básica a la cristología para que tu amor por Nuestro Señor Jesucristo y tu amistad con él se beneficien con este conocimiento.

Enfoque

Este manual cristológico seguirá un enfoque bíblico-histórico-sistemático. Lo que quiero decir por un enfoque bíblico-histórico-sistemático es que es un tratamiento de las preguntas sobre la identidad y misión de Jesucristo desde la perspectiva de cómo se ha hecho la cristología a lo largo de la historia y también de cuáles son los elementos esenciales de nuestra fe en el Señor. Inspirados por la visión del Concilio Vaticano II que aconseja que la Palabra de Dios sea el corazón de toda teología católica, comenzaremos nuestra exploración de las cristologías contenidas en los diversos libros del Nuevo Testamento.

Organización

Procedemos recogiendo el testimonio neo-testamentario acerca de Jesús de Nazaret contenido en las cartas paulinas, los evangelios y el Libro del Apocalipsis. Seguimos examinando cronológicamente

---

2. San Agustín, *De Trinitate*, Libro X, Capítulos 1 y 2.

un período fecundísimo para el conocimiento de Jesucristo, la Época Patrística, cuando surgieron varias malinterpretaciones del testimonio bíblico y culminaron cuando los grandes concilios ecuménicos de esta época elaboraron los artículos cristológicos del credo. Después examinaremos varias imágenes cristológicas a través del curso de la historia, las cuales siguen jugando un papel importante en la cultura popular de hoy día. Ese capítulo nos recuerda que Jesucristo y la cristología no sólo son propiedades de la Iglesia y de los teólogos y teólogas, sino del patrimonio cultural humano que a través del arte, la literatura, la música, el cine y otras formas de expresiones humanas que siguen sintiendo una fascinación y atracción por Nuestro Señor. Los últimos dos capítulos tratan de cristologías contemporáneas de Europa y Norteamérica y cristologías contextuales del mundo en desarrollo. Al final de cada capítulo hemos incluido algunas preguntas de reflexión para ayudarte a entender mejor lo que acabaste de leer y para proporcionarte una oportunidad de comentarlo con otras personas. Concluimos con sugerencias para seguir tu estudio de la cristología y con una lista breve de términos claves que aparecen en el texto para que puedas consultarlos fácilmente. Por último te proveemos una bibliografía selecta de documentos magistrales y de libros acerca de la teología que puedes consultar para seguir profundizando en este campo tan fascinante.

1 LAS CRISTOLOGÍAS DEL NUEVO TESTAMENTO

San Jerónimo, el gran doctor de la Iglesia y traductor de la Biblia del griego al latín por orden de San Dámaso, el papa hispano, decía que ignorancia de la Sagrada Escritura es ignorancia de Cristo mismo. En nuestra época, y después de otras que produjeron teologías más filosóficas y áridas, la comunidad teológica católica, impulsada por el llamado del Concilio Vaticano II, ha vuelto a poner al testimonio bíblico en el centro de su reflexión teológica de nuestra fe. Comenzamos, pues, estudiando lo que el Nuevo Testamento tiene que enseñarnos acerca de Nuestro Señor y, cronológicamente, examinando primero los escritos más antiguos. Es interesante notar no solamente los matices que los diferentes autores neo-testamentarios le dan a su presentación narrativa de Jesucristo, sino las maneras literarias diferentes que estos autores utilizan para hablar del Señor: empezando por los himnos de San Pablo, siguiendo con las narraciones evangélicas y concluyendo con las visiones del Apocalipsis.

Por supuesto, una mirada detallada de lo que la Biblia nos dice acerca de Jesucristo tendría que cubrir las profecías de las Escrituras hebreas o del Antiguo Testamento acerca del Mesías prometido de Dios. Desgraciadamente, en este pequeño volumen no podemos tratar tanto material y por tanto nos limitamos a los textos cristológicos principales de las Escrituras cristianas. No obstante, a lo largo de este manual veremos cómo las profecías hebreas no sólo han informado y afectado el Nuevo Testamento sino el pensar teológico cristiano posterior.

La cristología paulina

Pablo ni era escritor ni teólogo profesional, sino fabricador de tiendas (Hc 18:3). Por la gracia de Dios cambió de ser el perseguidor de los primeros cristianos a ser el apóstol de los *gentiles* (personas que no eran judías) y un misionero incansable y convencido que estableció iglesias o comunidades cristianas por toda la cuenca mediterránea oriental hasta su martirio en Roma. Su mensaje principal es sumamente cristológico, o sea, es el evangelio (*evangelion*) o buena noticia de Dios acerca de Jesucristo, especialmente el Misterio Pascual o la muerte y resurrección de Jesús, y sus beneficios para la humanidad.

Las siete cartas auténticas de Pablo (1 Tes, Gal, Fil, Filem, 1 y 2 Cor, Rom), con la excepción de la Carta a los Romanos, se dirigen a comunidades que él fundó. Las escribió entre principios de los años 50 y el comienzo de los años 60 d.C. Sus cartas son un instrumento pastoral para mantenerse en contacto con ellas y responder a diferentes preguntas y problemas que surgieron en estas comunidades. Por lo tanto, podemos describir el estilo teológico de Pablo como pastoralista, o sea, una extensión de su ministerio misionero a esas comunidades. Sin embargo, encontrar en ellos una cristología sistemática, completa y bien elaborada sería pedirle demasiado a sus escritos. No obstante, su enseñanza cristológica es bella e importante y merece nuestra atención.

Las cartas auténticas de San Pablo

La primera carta a los Tesalonicenses es el escrito cristiano de la Biblia más antiguo que tenemos. Se piensa que data de alrededor del año 51 ó 52 d.C. Pablo fundó esta comunidad cristiana en el norte de Grecia y le escribe de Corinto acerca de ciertos problemas pastorales de los cuales ha tenido noticias gracias a Timoteo. En cuanto a la cristología, los tesalonicenses están preocupados por la segunda venida de Jesucristo o el *escatón* y lo que les pasará a quienes mueran antes de su adviento. Por tanto este primer escrito cristiano trata en parte de lo que se denomina la *escatología* o lo que pasará al final de los tiempos cuando Cristo regrese en gloria para juzgar a vivos y muertos.

Pablo escribe que aquellos que mueran antes de la segunda venida del Señor participarán en ella a través de su propia resurrección y permanecerán con él para siempre (1 Tes 4:13-18). Por tanto aquellos que están vivos deben mantenerse sobrios y despiertos porque no se sabe la hora exacta de la vuelta del Señor (1 Tes 5: 1-11). Podemos resumir el contenido cristológico de esta primera carta de San Pablo al decir que nos presenta una *escatología inminente* o pronta.

La preocupación pastoral principal de la Carta a los Gálatas es si los cristianos gentiles (aquellos no-judíos) recién bautizados tenían que cumplir con la ley de Moisés igual que los judíos, inclusive los judíos-cristianos. ¿Tenían que ser circuncidados y seguir la ley de Moisés como insistían ciertos misioneros judío-cristianos o judaizantes que visitaron Galacia después de San Pablo? La respuesta del Apóstol de los Gentiles no pudo ser más clara: ¡No! Pablo escribe que lo que nos justifica y nos salva es nuestra fe en Cristo Jesús, no nuestras buenas obras ni nuestro cumplimiento de la Ley de Moisés (Gal 2:16). En Cristo somos hijos e hijas de Dios por medio de la fe (Gal 3:26).

Según San Pablo, Cristo nos ha liberado para ser libres, y no para ser esclavos o esclavas de la Ley de Moisés. La libertad que Cristo nos da no es sólo "libertad de" lo que nos esclaviza, sino "libertad para" servir a Dios y a nuestros hermanas y hermanos (Gal 5:1-6:10). Por último, en la carta a los Gálatas, Pablo introduce una reflexión cristológica importantísima que desarrollará más completamente en otras de sus epístolas: la Cruz de Jesucristo es nuestra única razón para sentirnos orgullosos (Gal 6:14). El Misterio Pascual es nuestra justificación ante Dios que logra nuestra liberación del pecado y de la Ley de Moisés. Nuestro bautismo, que nos incorpora al Misterio Pascual, también nos proporciona la adopción por el Padre y una libertad responsable que es la vida en el Espíritu Santo.

La primera comunidad cristiana fundada por San Pablo fue en Filipos, una ciudad-puerto de Grecia. Parece haber sido la comunidad favorita del apóstol por el tierno lenguaje que emplea con ellos en esta carta. Por su parte, los filipenses se preocuparon varias veces por ayudar materialmente a su padre en la fe. Pablo, como lo expresa en la carta a la comunidad, está preocupado por su unidad (Fil 1: 27-2:18). Desarrolla la imagen de Cristo como esclavo (Fil 2:6-11) utilizando un himno litúrgico cristiano antiguo que canta el *kénosis* o que el Verbo eterno se vació o rebajó cuando se encarnó de la Virgen María y asumió nuestra humanidad. Cristo se convirtió en esclavo cuando se hizo hombre.

Pablo usa este himno cristológico para animar a los filipenses a que se respeten mutuamente y así se mantengan unidos. El himno cristológico de la carta a los filipenses es un ejemplo de lo que se considera una *cristología alta o descendiente.*

La cristología alta es una presentación de la identidad y misión de Jesucristo desde la perspectiva de su divinidad, pre-existencia terrenal, encarnación, muerte salvadora y exaltación o glorificación. La cristología alta se distingue de la *cristología baja o ascendiente* que reflexiona acerca de la identidad y misión de Jesús partiendo de su vida y ministerio terrenal, enfatizando su humanidad. Se trata de dos puntos de arranque para considerar el misterio de Nuestro Señor que es a la vez verdadero Dios y verdadero ser humano. Sin embargo, tarde o temprano, toda cristología que quiera ser ortodoxa tendrá que incorporar en su elaboración teológica rasgos de ambas perspectivas ya que el Verbo eterno se hizo hombre y el hombre Jesús vino del Padre eterno y regresó al mismo.

La carta a Filemón es la más corta de las que Pablo escribió. En ella el apóstol se preocupa por interceder por un esclavo cristiano, Onésimo, que se había escapado y desea regresar a Filemón, su amo cristiano. Pablo le pide a Filemón que reciba a Onésimo como hermano en Cristo que es. De esta manera Pablo nos recuerda las consecuencias de la nueva vida en Cristo que hemos recibido por el bautismo y la fe. En Cristo no hay ni amo ni esclavo, ni hombre ni mujer, ni judío ni griego. Para Dios todos somos iguales porque somos hermanos y hermanas en Cristo Jesús (Flm 16). A pesar de ser una enseñanza brevísima, Pablo matiza su cristología de la esclavitud que se presenta en la carta a los filipenses con un contenido sutil acerca de la institución de la esclavitud que el Apóstol de los Gentiles no condena directamente en la carta a Filemón, sino que la revoluciona y relativiza con su idea cristológica que todos los bautizados somos iguales.

Uno de los intereses principales de ambas cartas a los corintios es las divisiones de esta comunidad. Diferentes grupos de la comunidad apelaban a diversos "apóstoles" y a su sabiduría (1 Cor 1:11-12, 17). También hay cristianos que frecuentan a prostitutas porque según ellos todo se permite en Cristo (1 Cor 6:12-20). Otro problema de la comunidad es un cierto elitismo espiritual motivado por aquellos que han recibido ciertos dones espirituales como el hablar en lenguas, la profecía, la sanación, etc. (1 Cor 12-14). Finalmente hay algunas personas que mantienen que la resurrección de los muertos sólo es algo que le aconteció a Cristo (1 Cor. 15:12-19, 51-52).

San Pablo retoma su teología de la cruz que había introducido en su carta a los Gálatas y ahora la desarrolla más completamente, presentando la cruz de Cristo como la sabiduría de Dios. El apóstol conecta sus sufrimientos y trabajos por el evangelio con esa sabiduría. Él ve en sus flaquezas, como en la Cruz de Cristo, un ejemplo de la gracia poderosa de Dios que perfecciona las limitaciones y los fracasos humanos (2 Cor 11:21-22, 2 Cor 12:1-9).

Las divisiones de los corintios se tratan al sugerir que participemos en el ministerio de reconciliación del mismo. Pablo les recuerda que Cristo es la fundación de la Iglesia y que los apóstoles son sus colaboradores (1 Cor 3:9). La Eucaristía es signo y medio de unidad espiritual en Cristo (1 Cor 11:17-34) y que el don más importante es la caridad, demostrado por el mismo Jesucristo (1 Cor 13). La resurrección del Señor es la primicia de todos los que creen en él (1 Cor 15:20). Y todos estamos llamados a colaborar en el ministerio de reconciliación de Cristo Jesús (2 Cor 5:18).

San Pablo no fundó la comunidad cristiana en Roma, que nació de la comunidad hebrea numerosa. Sin embargo la carta a los Romanos es la más larga y sistemática de sus epístolas. Ésta se considera como la última de sus cartas auténticas. Para el apóstol de los gentiles el evangelio (o las Buenas Noticias) es ante todo una persona (Rom 1:2-4), Jesucristo. Esa persona o buena nueva de Dios tiene consecuencias poderosas tanto para los judíos como para los gentiles: la salvación y la justificación. La muerte de Jesucristo en la cruz destruyó el dominio del pecado y de la muerte (Rom 3:24-25) y por tanto es buena nueva para toda la humanidad. El Misterio Pascual nos demuestra el amor de Dios y nos facilita una relación paterna con el Padre celestial de Jesús (Rom 5:1-11).

Pablo también compara a Jesús con Adán (Rom 5:12-23) y ve la destrucción del dominio del pecado y la muerte que fue establecida por la desobediencia de Adán en la obediencia que Cristo mostró en la cruz. Por medio de nuestra muerte en Cristo a través del bautismo participamos en su muerte en la cruz y su glorificación. Además, por medio de esa misma relación bautismal que tenemos con Cristo formamos parte del cuerpo de Cristo. Como el cuerpo de Cristo en la tierra, los cristianos reciben el poder para vivir libremente y no sujetos al pecado y a la muerte. Los bautizados recibimos carismas del Espíritu Santo para servirnos unos a otros (Rom 12:1-8). San Pablo exhorta a la comunidad de Roma, dividida entre cristianos de descendencia judía y no-judía, a darse la bienvenida igual que Cristo se la dio a cada uno de ellos (Rom 15:1-13).

Las Cartas paulinas

San Pablo probablemente no escribió seis de las trece cartas que el Nuevo Testamento le asigna a él. Más bien, después que él murió fue que sus discípulos las compusieron. Escribir con seudónimo o escribir en nombre de otro era común en esa época ya que se asumía que lo nuevo era inferior a lo antiguo o tradicional. Dado el vocabulario, el estilo y el contenido diferente y los nuevos énfasis teológicos, las personas que estudian la Biblia suponen que las siguientes cartas: segunda a los Tesalonicenses, Colosenses, Efesios, primera y segunda a Timoteo y Tito, no son cartas auténticas de San Pablo sino denominadas como *cartas paulinas o deutero-paulinas.*

En términos generales la cristología de estas cartas se centra en el Resucitado y lo que implica para la Iglesia.

La segunda carta a los Tesalonicenses retoma el tema de la segunda venida de Cristo que vimos en la primera. Sin embargo ahora se presenta una *escatología aplazada*. No se sabe cuándo Cristo volverá, ni se le espera inmediatamente. Jesucristo es el juez que presidirá en el juicio final y castigará a los que han desobedecido su evangelio (2 Tes 1:5-12).

La personificación de la sabiduría o la presentación de la sabiduría como si fuera una persona es un tema ya presente en las Escrituras hebreas (Prov 8, Sab 7, Ecl 2 y 4) El autor de Colosenses nos presenta y habla de un himno cristiano de los comienzos (Col 1:15-20) que considera a Cristo como la sabiduría de Dios. Jesucristo tiene una dimensión cósmica en esta carta: él es la cabeza del cuerpo y el reconciliador de todas las cosas en sí mismo, o sea, todo en todo (Col 3:11). Cristo no es solamente la cabeza de su cuerpo, la Iglesia, sino de todas las autoridades, los principados y los poderes celestiales (Col 2:9-15). Él es la sabiduría que hace la vida eterna posible, y los que creen en él no necesitarán otro tipo de filosofía o sabiduría.

Primero que nada, el autor de la carta a los Efesios se preocupa por la eclesiología o la teología de la Iglesia, especialmente la unidad de Cristo con la Iglesia, y menciona a Cristo como la Sabiduría de Dios (Ef 1: 17-23). La Iglesia es el lugar donde se actualiza el reinado de Cristo sobre toda la creación, o sea, una *escatología realizada o completa*. La Iglesia en Efesios se entiende cristológicamente por medio de varias imágenes: el cuerpo de Cristo donde judíos y gentiles son reconciliados en una nueva humanidad (Ef 2:11-18), Jesús es la piedra angular (Ef 2:19-22) y el novio de la Iglesia (Ef 3:18-19).

La cristología sinóptica

Habiendo estudiado las diferentes maneras como San Pablo y sus seguidores presentan a Jesucristo en las epístolas, pasamos ahora a ver las cristologías de los evangelios sinópticos. La palabra evangelio procede de la palabra griega *evangelion* que significa buen mensaje o buena noticia. El evangelio es un género literario de creación cristiana para dar a conocer mejor, para amar a y creer en Jesucristo. Es una narración que mezcla la historia, la teología y la biografía. No puede reducirse a ninguna de las tres, sino que tiene que aceptarse por la creación literaria genial y única que es.

Los evangelios sinópticos se llaman así por su gran semejanza entre sí, a diferencia del cuarto evangelio o el de San Juan, que es más simbólico y sigue otra cronología diferente. Los sinópticos también se distinguen de otros evangelios de sectas cristianas heterodoxas, como los gnósticos que la Iglesia primitiva rechazó y no incluyó en el canon de la Sagrada Escritura por juzgar que su contenido presentaba un retrato de Jesucristo que discrepaba de la fe que se recibió de los apóstoles. Por ejemplo, entre los *evangelios gnósticos*, también llamados *evangelios apócrifos*, los más famosos son los Evangelios de Tomás, de Pedro y de Santiago.

Los evangelios sinópticos de Marcos, Mateo y Lucas están de acuerdo en presentar la identidad y misión de Jesús en forma narrativa y más o menos siguen la misma cronología. Sin embargo, también notaremos los diferentes matices que cada evangelista le da a su retrato del Señor. Esta diferencia se puede entender por las diferentes fuentes orales y escritas que los evangelistas tenían a su disposición cuando elaboraron sus escritos. Las diferencias también se explican por los oyentes diferentes a los cuales los evangelistas se dirigían. Por último, las diferencias se deben al retrato cristológico que cada evangelista quiere comunicar, o sea, su respuesta a esa pregunta que Jesús nos hace a cada uno de nosotros: Y tú, ¿quién dices que soy yo? (Mc 8:29, Mt 16:15, Lc 9:18)

El Cristo del Evangelio de San Marcos

El Evangelio de San Marcos se escribió cerca del año 70 d.C., probablemente en Roma, para una comunidad cristiana no-judía. Es el más corto de los evangelios y muchos argumentan que probablemente fue el primero que se escribió ya que los otros dos evangelios sinópticos, el de Mateo y Lucas, incorporan el material de Marcos. Se piensa que los autores de los Evangelios de Mateo y Lucas tuvieron acceso al Evangelio de Marcos cuando escribieron los suyos.

Marcos presenta la historia de Jesús siguiendo un esquema teológico y geográfico. La primera mitad del evangelio es en Galilea donde la autoridad de Jesús como un maestro y sanador se revela y se rechaza. A sus discípulos se les revela su identidad y que hay que seguirlo, pero ellos rechazan ambas cosas. Jesús los manda a callar para que su identidad no se confunda con el esperado Mesías político. Esto se conoce como el *secreto mesiánico* de Marcos. En la segunda parte del evangelio que se desarrolla en Jerusalén, la identidad de Jesús se vuelve a revelar definitivamente en la cruz como el Mesías sufriente y el centurión, aunque era un pagano que no era parte de sus discípulos, lo reconoce como Hijo de Dios (Mc 15:39).

El tema principal de Jesús es el Reino de Dios. Su ministerio público no es sólo el anuncio de este reino sino también la inauguración del mismo. La respuesta a este anuncio es la conversión y la fe. La primera parte de la enseñanza de Jesús ocurre en cinco bloques de controversias o debates acerca del perdón de los pecados y la sanación el sábado (Mc 2:1-12), comer con pecadores (Mc 2:13-17), el ayuno y la compatibilidad de lo viejo con lo nuevo (Mc 2:18-22), comer el sábado (Mc 2:23-28), sanar el sábado (Mc 3:1-6). Una manera predilecta que Jesús tiene para enseñar es a través de *las parábolas* o cuentos de la vida cotidiana que hacen que sus oyentes piensen y se hagan preguntas acerca de los temas presentados. Por ejemplo, examina las parábolas del reino (Mc 4:1-34).

Las sanaciones y otros milagros de Jesús ilustran que el reino que él proclama ya está presente en él. Los milagros de Jesús también subrayan la batalla cósmica entre el bien y el mal en la cual él está envuelto. Sus milagros dominan las fuerzas caóticas de la naturaleza, a Satanás, la enfermedad y la muerte. A pesar de su enseñanza autoritativa y sus grandes milagros, rechazan a Jesús en Galilea. En la segunda parte del evangelio, camino a Jerusalén, Jesús revela su identidad como Mesías sufriente, profetizando tres veces su pasión, su muerte en la cruz y su resurrección (Mc 8:31, 9:31, 10:33-34). Pero su identidad de Mesías sufriente se revela más claramente en la cruz. Su muerte es ejemplar y eficaz, conquistando no sólo los enemigos históricos de Israel, sino la misma muerte.

El Cristo del Evangelio de San Mateo

El Evangelio de San Mateo puede considerarse como una revisión y expansión del de Marcos. Probablemente se escribió entre el año 85 y 90 d.C. para una comunidad cristiana judía en Antioquía de Siria. Con la destrucción del Templo (en el año 70 d.C.), estos cristianos judíos se preguntaban, ¿Cómo podremos mantener las tradiciones de nuestros antepasados? La respuesta de Mateo es que la manera de practicar un auténtico judaísmo es uniéndose a y creyendo en Jesús como Maestro y Señor. Mateo sigue el esquema geográfico Galilea-Jerusalén de Marcos, pero lo expande con material de la infancia de Jesús (Mt 1 y 2), dos apariciones después de la resurrección (Mt 28:9-20), cinco bloques de narración (Mt 3-4, 8-9, 11-12, 14-17, 19-23) y cinco discursos (Mt 5-7, 10, 13, 18, 24-25). Parte de este material se comparte con Lucas de la llamada *Fuente Quelle o Q* y otro es propio de Mateo.

En los primeros tres capítulos Mateo ubica a Jesús dentro de la historia de Israel dejando claro que es descendiente de Abrahán y, por José, descendiente del Rey David. Jesús es Emmanuel o Dios con nosotros, profetizado por Isaías. Las profecías de las Escrituras acerca de Jesús culminan en la narración de su pasión (Mt 26 y 27) donde se presenta a Jesús como el Siervo sufriente del Salmo 22 e Isaías 53. Para Mateo, Jesús es el único maestro. Esto queda bien explícito en Mt 23:10. Comparado con Marcos, Mateo expande lo que Jesús enseña, especialmente la enseñanza del discurso en el monte (Mt 5-7). En los capítulos 24 y 25 Mateo nos presenta una escatología aplazada, que está relacionada con su presentación de Jesucristo como fundador de la Iglesia.

En el capítulo 10 Mateo nos presenta a un Jesús que le deja a su comunidad, en su discurso misionero, un plan pastoral para el futuro, instruyendo a los discípulos a seguir su ministerio de sanación y predicación del reino. El capítulo 18 presenta consejos para una comunidad dividida, y en Mt 16:16-19 renombra a Simón como Pedro, la piedra sobre la cual edificará su Iglesia y sobre la cual las fuerzas del enemigo no triunfarán. Sin embargo, este Jesús que se preocupa por la supervivencia de la comunidad que juntó a su alrededor durante su vida terrenal, no está obsesionado con la institucionalización de la misma. Para el Jesús de Mateo lo más importante que sus seguidores tendrán que tener en cuenta y por lo qué serán juzgados es como atendieron a los más necesitados. En Mt 25 Jesús no solamente se demuestra como amigo de los pobres y marginados, sino que llega a identificarse con ellos y a proclamar que quien se preocupa por ellos se preocupa por él.

El Cristo del Evangelio de San Lucas

El Evangelio de San Lucas y los Hechos de los Apóstoles constituyen una sola obra en dos volúmenes. Ambos están dedicados a Teófilo, o al amante de Dios. El Evangelio trata de Jesucristo, mientras que los Hechos trata de la acción del Espíritu Santo en la primera Iglesia, especialmente por la labor misionera de los grandes apóstoles como Pedro y Pablo y el impulso que le dio a la predicación e institución de la misma hasta el cautiverio de San Pablo en Roma. La tradición identifica a Lucas como colaborador de San Pablo, como pintor y médico. Probablemente fue un cristiano no-judío, pero con un conocimiento profundo del judaísmo. La obra probablemente se escribió entre el año 85 y 90 d.C., aunque todavía se debate dónde.

Igual que el Evangelio de Mateo, Lucas expande el esquema básico de Marcos con material propio y también de la Fuente Q. El Evangelio de Lucas puede dividirse en tres partes: el nacimiento de Jesús y las preparaciones para su ministerio público (Lc 1:5-4:13), su ministerio en Galilea, su camino a Jerusalén y su actividad allí (Lc 4:14-21:38) y finalmente, su pasión, muerte y resurrección (Lc 22:1-24:53).

Jesús, gloria de Israel y luz de los gentiles, domina el primer tercio del evangelio y después lo volvemos a encontrar en los Hechos. En particular, las narraciones de la infancia de Jesús lo presentan como lo mejor de la tradición judía. En los Hechos encontramos varios discursos por los apóstoles que identifican a Jesús como la realización de las Escrituras hebreas (Hch 2:14-42, 3:12-26, 4:24-30, 5:30-32, 7:1-53, 10:34-43, 13:16-41). En sus genealogías, Lucas también presenta a Jesús como alguien que es importante para la historia universal (Lc 3:23-38). En los Hechos, la importancia de Jesús para los gentiles o no-judíos se resalta aun más con la introducción del ministerio misionero de Pablo y Pedro (Hch 13 y 14), las conversiones del eunuco etíope (Hch 8:4-40), Cornelio y su familia (Hch 10:34-35) y los gentiles de Antioquía en Siria (Hch 11:29-26). El Concilio de Jerusalén (cerca del año 50 d.C.) resuelve el problema de si los gentiles tienen que seguir las tradiciones judías para ser cristianos (Hch 15).

La segunda parte del evangelio se enfoca en el ministerio profético de Jesús, que anuncia el mensaje de Dios y va acompañado por grandes prodigios y acciones simbólicas. Esto se ve claramente en Lc 4:16-30 donde Jesús se identifica con la misión de Isaías (Is 61:1-2). Al igual que Elías y Eliseo (1 Re 17: 17-24, 2 Re 4:8-37), Jesús restaura la vida del hijo de la viuda de Naím (Lc 7: 11-17). Y los fariseos, que se oponen a él, lo identifican como tal (Lc 7:39).

El significado original de la palabra mártir es testigo fiel. La última sección del evangelio presenta a Jesús como el testigo fiel que va a la muerte en fidelidad a la enseñanza que proclama en nombre de su Padre. En los Hechos, a Pablo se le presenta como un testigo fiel a imitación de Jesús – proclama el evangelio, hace milagros, sufre persecuciones. Entonces, a todos los cristianos se les presenta el ejemplo de Pablo como modelo a seguir en imitación de Jesús, el mártir por excelencia.

La cristología neo-testamentaria tardía
El Cristo del Evangelio y las Cartas de San Juan

El Evangelio de San Juan rompe el esquema original de San Marcos e incorpora nuevo material y fuentes en su narración de la vida de Jesús. En el Evangelio de Juan se mencionan tres Pascuas judías durante el ministerio de Jesús, a diferencia de una sola que se menciona en los sinópticos. Varios personajes que no se mencionan en los sinópticos juegan papeles claves en el Evangelio de Juan: Nicodemo, la Samaritana, el ciego de nacimiento, Lázaro, el discípulo amado, etc. Jesús no anuncia el Reino de Dios, sino que se anuncia a sí mismo como la revelación y el revelador de Dios. Jesús hace varios viajes a Jerusalén, pronuncia largos discursos, especialmente en la Última Cena, utiliza pocas parábolas y no obra exorcismos.

Juan escribe para una comunidad cristiana-judía, en la parte oriental del Mediterráneo, que está en medio del proceso de ser expulsada de la sinagoga, después de la destrucción del Templo en Jerusalén en el año 70 d.C. Juan expresa la intención de su evangelio en términos de fe en Jesús para así tener vida en su nombre (Jn 20:30-31). Las cartas de Juan se dirigen a comunidades juanistas que experimentan problemas después del año 100 d.C. Uno de estos problemas es cristológico y se trata en la primera carta de Juan que parece ser más una homilía que una carta.

El primer capítulo de Juan identifica a Jesús a través de varios títulos: Palabra de Dios hecha carne, el Cordero de Dios que quita el pecado del mundo, rabí o maestro, Hijo de Dios, Rey de Israel, la luz que la oscuridad del mundo no pudo conquistar. La segunda parte del ministerio público de Jesús se estructura en torno a las grandes fiestas litúrgicas judías. Juan utiliza estas fiestas para expandir su enseñanza acerca de la identidad cristológica de Jesús, usando su famosa fórmula, Ego emí, o Yo soy...el pan de vida (Jn 6:35), la luz del mundo (Jn 8:12), el Padre y yo somos uno (Jn 10:30), la resurrección y la vida (Jn 11:25).

En el llamado Libro de Gloria, o la segunda mitad del evangelio de Juan, las identificaciones mesiánicas de Jesús siguen con la fórmula Yo soy. . .el camino, la verdad y la vida (Jn 14:16), la vid (Jn 15:1-6), él que ha superado la hostilidad del mundo (Jn 16:25-33) y culminan en la hora de su glorificación cuando es alzado en la cruz. En su relato de la muerte de Jesús, Juan destaca que éste entrega su espíritu o vida libre y serenamente en forma de oblación o sacrificio expiatorio. Este evangelio, más que los otros, nos presenta una cristología alta o descendiente. En la primera carta de Juan, se destaca que Jesús vino en la carne (1 Jn 4:2-3) y que es la Palabra de Vida (1 Jn 1:1-4) y la luz de Dios (1 Jn 1:5-2:27).

El Cristo de la Carta a los Hebreos

La llamada Carta a los Hebreos no es ni una carta, ni estamos seguro que fue escrita a judíos. El estilo del documento parece ser más una homilía que trata de la superioridad del sacerdocio de Jesucristo. Dadas sus muchas referencias a las Escrituras hebreas se supone que los oyentes eran una comunidad de judíos-cristianos y que fue escrita entre los años 80 y 90 d.C.

El autor de la carta a los Hebreos, que según la tradición es San Pablo, pero que hoy no se cree posible por las diferencias estilísticas y teológicas de la carta comparada con la obra paulina, enfatiza que la revelación de las Escrituras hebreas es incompleta comparada con la revelación de Dios en Cristo Jesús (Heb 1:1-4). Cristo es superior a los ángeles (Heb 1:5-14) porque ellos son siervos de Dios y no el Hijo de Dios. Cristo también es superior a Moisés (Heb 3:1-6) y la clave para interpretar el Antiguo Testamento (Heb 4:12-16) como testifica el Salmo 95. Jesús es el Mediador de la Nueva Alianza (Heb 12:24).

Cristo es a la misma vez sacrificio y sacerdote (Heb 2:17). En su humanidad Jesús se solidariza con nosotros y sirve de aliento para los que experimentan tribulaciones y pruebas en sus sufrimientos. Él nos demuestra compasión y entiende lo que estamos padeciendo ya que experimentó lo mismo durante su vida en la tierra. Jesús cumple tanto con los requisitos del sacerdocio pagano como del sacerdocio de los judíos o el levítico (Heb 5:1-10). El sacerdocio de Jesús no es como el de Aarón que tuvo un comienzo y un final, sino que más bien se parece al de Melquisedec, el sacerdote eterno (Heb 7). Dada la ofrenda de su propia vida en la cruz y su resurrección, el sacerdocio y sacrificio de Jesucristo son eternos y de una calidad diferente a cualquier otro sacerdocio y sacrificio (Heb 7:20-27). Al igual que los grandes modelos de fe del Antiguo Testamento (Abraham, Isaac, Jacob, José, Moisés, etc.) Jesús sufrió por su fe y Dios lo premió con la resurrección y la glorificación. Su ejemplo debe alentar a aquellas personas que sufren persecución por la fe (Heb 11:1-12:4).

El Cristo de las cartas católicas

Las cartas o epístolas católicas del Nuevo Testamento: Santiago, 1 y 2 Pedro, 1, 2 y 3 Juan y Judas, son conocidas como tal porque contienen consejos útiles para todas las iglesias. Los nombres que se dan como los de los autores de estas cartas probablemente no lo son. Es más probable que sus discípulos las escribieran. Es decir, son cartas seudónimas, costumbre muy del tiempo pos-apostólico para honrar y autorizar documentos.

En cuanto a la cristología, las cartas católicas más interesantes son la de Santiago y las de Pedro. La carta de Santiago se destaca por lo que enseña de la justicia social, la unción de los enfermos y su interpretación balanceada de la importancia de la fe y las obras para la salvación. En Santiago 2:5 se destaca que Dios escogió a los pobres para ser ricos en la fe y herederos del Reino de Dios. Al igual que en el Evangelio de San Mateo, Jesús se presenta como amigo de los pobres. La primera carta de San Pedro ofrece una profunda meditación acerca del sufrimiento y su relación con el sufrimiento de Jesucristo, el Siervo sufriente. A Jesús se le presenta como el supremo pastor que volverá pronto para restaurar a los sufrientes (1 Pe 5:4). La segunda carta de Pedro se preocupa por explicar el aplazamiento de la segunda venida de Cristo. Pedro ofrece la evidencia de su experiencia de la transfiguración como confirmación anticipatoria de que Jesús volverá de nuevo (2 Pe 17-18).

El Cristo del Apocalipsis

Probablemente, ni el apóstol ni el evangelista escribieron el Apocalipsis, sino un creyente exiliado, en la isla de Patmos, por su fe cristiana (Ap 1:9). Este autor transcribió una visión que tuvo entre los años 95 y 96 d.C. El género del libro es revelación y profecía. Esto tiene que tenerse siempre presente al interpretar su simbolismo apocalíptico que tanto asombra y aterroriza, y que los predicadores populares tantas veces malinterpretan y manipulan. Es un libro místico y a la vez sumamente político, ya que se dirige a una comunidad cristiana perseguida porque se niega a ofrecerle sacrificio y a darle culto a la diosa Roma, personificación del Imperio Romano, y al emperador Tito Flavio Domiciano (51-96 d.C.) quién decretó este sacrilegio.

El Apocalipsis describe a Jesús con una gran variedad de títulos e imágenes del Antiguo Testamento. El más utilizado es el Cordero inmolado (Ap 5:6-7, 14:1-5) con sus connotaciones de sacrificio expiatorio y redentor. Pero también se usan otros como león de Judá (Ap 5:1-5, Gn 49:9), brote de David (Ap 5:1-5, Is 11: 1, 10), Alfa y Omega (Ap 22:13), estrella radiante de la mañana (Ap 22:16), Palabra de Dios (Ap 19:13), Rey de reyes y Señor de señores (Ap 19:16).

Con la mención del juicio del Hijo del Hombre (Ap 14:14-16, Jl 3:12-13), el Apocalipsis también nombra a Jesús como el guerrero santo que opera el lagar donde se aplastarán los perseguidores de los creyentes y su sangre correrá en torrentes (Ap 14:17-20, Is 63:1-6). Jesús aparece como un guerrero montado en un caballo blanco que destruye a Satanás e inaugura el último juicio y la nueva tierra y el nuevo cielo (Ap 11:19-16).

Conclusión

Este largo capítulo ha presentado los diferentes retratos y las diversas maneras literarias como las Escrituras cristianas o el Nuevo Testamento presentan a Nuestro Señor Jesucristo. Empezando por la teología de la cruz de San Pablo, pasando por las biografías teológicas que son los evangelios y llegando a los títulos simbólicos, asombrosos y aterrorizantes del Apocalipsis, nos damos cuenta que desde el génesis del cristianismo el misterio de Jesucristo se ha expresado de maneras muy diversas y creativas. Al mismo tiempo los retratos y relatos variados que se han visto no son contradictorios, sino que concuerdan unos con otros para formar una unidad coherente en distinción o variada de lo que la teología llama la *analogía de la fe* (Rom 12:6 y el Catecismo de la Iglesia Católica #114).

Comenzamos con el testimonio cristológico neo-testamentario porque las otras cristologías que veremos en este manual dependen en gran parte de él. Al testimonio del Nuevo Testamento tenemos que añadirle la Tradición Apostólica que, especialmente en sus credos y liturgia, ha sabido rendirle culto al Señor y mantener viva y de una manera cierta y fiel su memoria en la Iglesia. Pero, como hemos visto, lo que merece un lugar de honor en todo quehacer teológico que se considera cristiano es el contenido tan variado y tan bello de la Sagrada Escritura.

Sin embargo, como veremos en el próximo capítulo que cubrirá la cristología en la época patrística, las formulaciones bíblicas no lograron esclarecer completamente la verdadera identidad y misión de Jesucristo. Su lenguaje metafórico y simbólico, tan inspirador y bello, no pudo ejercer con suficiente precisión las explicaciones acerca de la relación entre Jesucristo y Dios o entre su identidad a la vez humana y divina. Esas preguntas tendrían que responderse con las herramientas de otro tipo de lenguaje teológico – uno más preciso y más seco, o sea, el lenguaje teológico que los grandes teólogos y doctores llamados Padres de la Iglesia tomaron de la metafísica griega y ampliaron.

Para reflexionar y comentar

- ¿Cuál de los retratos paulinos de Jesús te reta más y por qué?
- A tu parecer, ¿cuáles serían los puntos fuertes y débiles de la cristología paulina?
- ¿Tienes una escatología inminente, aplazada o realizada?
- Lee uno de los evangelios sinópticos (Marcos, Mateo, Lucas) y el cuarto evangelio (Juan). ¿Cómo se presenta a Jesús en los dos que leíste? ¿Qué semejanzas y diferencias notas en los retratos de Jesús que estos dos presentan?

- ¿Cuál de los evangelios presenta al Jesús con quien te sientes más cómodo o cómoda? ¿Y cuál de ellos es el que te asusta y reta más? ¿Te diriges a ese Jesús que te reta en tu oración? ¿Por qué no? ¿Qué temes?
- La presentación de Jesús como guerrero santo en Ap 14:14-16 (Jl 3:12-13) les choca a muchos cristianos de hoy. ¿Qué aspecto positivo puedes ver en esta presentación de Jesús para los hombres? ¿Ofrece alguna posibilidad para desarrollar una espiritualidad cristiana masculina?
- ¿Qué pistas nos ofrece la cristología de Santiago para una espiritualidad comprometida con la justicia social?
- Según el Apocalipsis, ¿se puede ser místico y político a la vez?

2 LAS CONTROVERSIAS CRISTOLÓGICAS EN LA ÉPOCA PATRÍSTICA

El período de las controversias cristológicas durante la época patrística que duró aproximadamente cuatrocientos años, del siglo IV hasta el siglo VIII, es un ejemplo perfecto de muchos temas teológicos importantes. Durante estos siglos vemos claramente cómo la Iglesia demuestra que ella es comunión a través de los grandes concilios. También esta época es un ejemplo de cómo la doctrina cristológica de la Iglesia se va desarrollando con el tiempo. Por último, es un momento privilegiado para apreciar la importancia del magisterio de la Iglesia y la necesidad de expresar las verdades de la fe en un lenguaje teológico más preciso que el lenguaje de la Sagrada Escritura. Este nuevo lenguaje teológico, tomado y ampliado de la metafísica griega, cobró importancia cuando surgieron controversias sobre la identidad y la misión de Jesucristo, las cuales el testimonio bíblico no pudo resolver adecuadamente.

En esta época también vemos escándalos, ya que en muchas ocasiones la ambición del clero, la violencia, las presiones y las manipulaciones políticas del emperador en Constantinopla acompañaron el crecimiento del conocimiento teológico de la Iglesia y se vieron señales de que la Iglesia está integrada por hombres y mujeres imperfectos. Pero, ¿cuándo no fue así? (Ver Mc 10:35-45, Mt 20:20-28, Lc 22:24-27) No obstante, con ojos de fe podemos ver que Dios logra salirse con la suya, inclusive por medio de momentos oscuros y salpicados con pasiones humanas desordenadas.

El adopcionismo y el docetismo

El Nuevo Testamento afirma que Jesús es el Mesías y es Dios. Sin embargo, su lenguaje metafórico no es adecuado para explicar cómo esto es posible. Durante el período patrístico, cuando el cristianismo se ubica más completamente en el mundo griego con su pensamiento filosófico metafísico, los cristianos buscan responder a la siguiente pregunta de una manera que tenga credibilidad entre sus compatriotas: ¿Cómo puede ser Dios uno, si el Padre y Jesús son diferentes y a la vez ambos divinos? Nos enfrentamos a un momento importante para el cristianismo: el paso del testimonio de la Palabra de Dios a la teología que, a través de la razón, busca nuevas expresiones para presentar la verdad del *depósito de la fe* que la Sagrada Escritura y la Tradición viva de la Iglesia contienen y que se celebraba en las asambleas de las comunidades cristianas primitivas.

En lo que se refiere al adopcionismo, algunos cristianos de cultura y pensamiento judío esquivan el problema de cómo afirmar que Jesús y el Padre son diferentes y a la vez Dios. O sea, prefieren repetir la fórmula hebrea de la Escritura que Jesús es el Hijo del Hombre y el Mesías por adopción o elección divina. Esta no es una respuesta satisfactoria porque no explica cómo Jesús puede ser el hijo adoptivo o elegido de Dios y no ser inferior a Dios. No sólo se trata de un problema teórico, sino pastoral. Si Jesús no es Dios, entonces la práctica de los cristianos de invocar el nombre de Jesús como el del salvador a par con Dios deja de tener sentido teológico, frustrando la fe y la oración de las primeras comunidades.

Otros cristianos gentiles o del mundo no-judío o griego desarrollaron un cristianismo que, buscando salvaguardar la unidad de Dios, niega la auténtica identidad o diferencia entre el Padre y el Hijo. Para ellos, el Hijo no es más que el Padre manifestándose como hombre, o sea, disfrazado de hombre. Esto se conoce como el *docetismo*. Jesús no se ve como un verdadero hombre sino como Dios disfrazado de hombre. Los docetistas se pueden considerar como una manifestación del *monarquismo*. El monarquismo es la posición teológica influida por el desprecio griego de lo natural que no admite que un Dios soberano y todopoderoso pueda tener pluralidad o rebajarse a mezclarse con su creación. Para ellos es un tremendo insulto considerar que Dios, el Verbo Eterno, se haya encarnado de Santa María Virgen y haya asumido nuestra naturaleza humana en Jesucristo.

El Primer Concilio de Nicea (325 D.C.)

La *cristología del logos*, un intento de expresar la ortodoxia, surge ante la herejía adopcionista y la docética. San Justino, mártir, es el exponente máximo de esta cristología que combina el prólogo del Evangelio de San Juan con el *logos*, el principio que ordenaba el universo e impedía que se convirtiera en un caos. Para Justino, el *Logos* de Dios o la Palabra de Dios, era ese principio divino de orden cósmica. Sin embargo, la cristología del *logos* no logró explicar si el *Logos* o la Palabra de Dios era inferior a Dios o no. Surgen posiciones teológicas como la de Tertuliano y Orígenes que consideran que el *Logos* o la Palabra de Dios es de un grado de divinidad inferior al Padre.

Arrio, el presbítero o sacerdote egipcio de Alejandría, rechazó la posición que el *Logos* poseía un grado de divinidad inferior a la del Padre y afirmó que era la primera criatura. En otras palabras, sólo Dios era divino. El *Logos* era la primera criatura del Padre por quien todo fue hecho.

Las divisiones que las dudas cristológicas crearon en la unidad religiosa del Imperio Romano llevaron al Emperador Constantino a convocar un concilio en Nicea, en las afueras de Constantinopla, para resolver el problema del *arrianismo*.

Los *concilios ecuménicos* de la Iglesia son expresiones de su esencia de comunión que refleja la propia identidad de comunión o comunidad de la Trinidad. Son reuniones de todos los obispos de la Iglesia que, en sus comienzos, el emperador cristiano residente en Constantinopla convocó para responder a problemas graves que afectaban a toda la Iglesia. El más reciente de éstos en occidente fue el Concilio Vaticano II (1962-1965). Los concilios son siete:

- Primero de Nicea en el año 325 d.C.
- Primero de Constantinopla en el año 381 d.C.
- Éfeso en el año 431 d.C.
- Calcedón o Calcedonia en el año 451 d.C.
- Segundo de Constantinopla en el año 553 d.C.
- Tercero de Constantinopla en el año 680-681 d.C.
- Segundo de Nicea en el año 787 d.C.

Los siete concilios ecuménicos trataron las controversias cristológicas y casi todas las Iglesias del oriente y las del occidente los reconocen como normativos.

El Primer Concilio de Nicea formuló una profesión de fe que afirmaba tanto la unidad como la pluralidad de Dios, y a la vez mantenía que Jesús poseía la misma divinidad del Padre. Jesús es engendrado del Padre y no creado, es Dios de Dios, y del mismo ser o naturaleza que el Padre. Sin embargo, el Primer Concilio de Nicea no resolvió totalmente las cuestiones cristológicas. Afirmó que Jesús era de la misma sustancia o consustancial con el Padre (*homousios*) y esto creó duda entre algunos que se estaba afirmando que en Dios había algún principio material.

El Primer Concilio de Constantinopla (381 d.C.)

También se creó el problema de cómo explicar que la divinidad y la humanidad de Jesús son totales y completas. Algunos, como Apolinar de Laodicea de la *escuela alejandrina de teología,* afirmaban que en Jesús la palabra o el *Logos* sustituía el alma racional y humana de Jesús. Teodoro de Mopsuestia, de la escuela de teología de Antioquía que quería defender la humanidad completa de Jesús y la diferencia de ésta de su divinidad, se opuso a la escuela alejandrina de Apolinar. Sin embargo, ninguno logró explicar cómo la humanidad y la divinidad de Jesús podían coexistir en una misma persona. El Primer Concilio de Constantinopla en el año 381 condenó la posición de Apolinar que negaba la humanidad completa de Jesús, pero no logró formular una explicación de la unidad de la divinidad y humanidad de Jesús.

El Concilio de Éfeso (431 d.C.)

Los antecedentes del Concilio de Éfeso se caracterizan por la polarización entre la cristología de las escuelas teológicas de Antioquía en Siria y de Alejandría en Egipto. Aquí tenemos dos maneras de entender el misterio de Cristo – la cristología ascendiente o baja de la escuela de Antioquía que busca salvaguardar la humanidad de Jesús y la cristología descendiente o alta de la escuela alejandrina que busca salvaguardar la divinidad de Jesús. Para que nuestro entendimiento del misterio de Cristo sea completo ambos enfoques tienen que estar presente en una tensión unitiva. Fácilmente se cae en adopcionismo o docetismo si se pierde esa tensión unitiva.

Nestorio, de la escuela de Antioquía, defendía tanto la humanidad de Jesús que afirmaba que María era la madre de Jesús y no la madre de Dios. En Cristo había dos personas, una humana y una divina. San Cirilio, de la escuela de Alejandría, enfatizaba la divinidad de Jesús y sostenía que su alma racional quedaba asumida pero no eliminada o absorbida por su naturaleza divina. El Verbo Eterno nació según la carne. El Concilio de Éfeso de 431 d.C. afirmó que en Cristo hay una sola persona con alma racional y naturaleza divina y que María es la Madre de Dios o *Theotokos*.

El Concilio de Calcedón o Calcedonia (451 D.C.)

Las formulaciones de Éfeso tampoco resolvieron los debates cristológicos y, con el paso del tiempo, el punto de la unidad de las dos naturalezas de Jesús causó división en la Iglesia.

En este capítulo el Papa San León I juega un papel importante. Primero, a través de su escrito, el Tomo de León, él afirmó la integridad de las dos naturalezas de Jesús, así apoyando la escuela de Antioquía. Segundo, San León Magno, en la corte del emperador, promovió la necesidad de convocar otro concilio para resolver las divisiones ocasionadas por las dos naturalezas de Jesús. En el año 451 d.C. el Emperador Marciano convocó el Concilio de Calcedón o Calcedonia.

Calcedonia afirmó que Cristo es a la vez completo en su divinidad y en su humanidad. Utilizó la fórmula de Nicea de *homousios* o consustancial no solamente con el Padre, sino con la humanidad en todo excepto en el pecado. Jesús posee dos naturalezas o *hipóstasis* que están unidas en una sola persona divina o *prosopón*. Calcedonia resolvió la unidad de Jesús Dios-hombre a través de la unión hipostática de las dos naturalezas, humana y divina, en una sola persona divina. Así se incorporó al debate cristológico, como el de la naturaleza, la persona y la sustancia, un vocabulario nuevo técnico y filosófico en la profesión de fe. Desgraciadamente, Calcedonia no resolvió completamente las divisiones entre las diferentes maneras de pensar, pero sí ofreció un marco de referencia dogmático aceptado por el cristianismo, hasta hoy día, para entender la identidad humano-divina de Jesucristo.

Concilios cristológicos importantes posteriores a Calcedón

El Segundo Concilio de Constantinopla del 553 d.C. condenó la posición de varios teólogos de Antioquía que tenían tendencias nestorianas y volvió a afirmar la formulación dogmática de Calcedonia. No es un concilio con gran importancia dogmática, y más que otra cosa, su convocación ilustra la intromisión del emperador en los debates cristológicos al apoyar a obispos *monofisitas* de Siria e Egipto que favorecían la idea de que uno de los tres ha sufrido en la carne. Admitió la posible malinterpretación que la Trinidad no conoció el sufrimiento humano de Jesús al éste sólo tener una naturaleza divina que absorbió su alma racional.

El Tercer Concilio de Constantinopla se convoca en el 681 d.C., un nuevo momento histórico para la Iglesia por la amenaza musulmana. El Islam propone una imagen de Dios radicalmente monoteísta y considera el cristianismo como triteísta. El concilio condena la posición que Jesús sólo tiene una voluntad (monotelitismo) y una sola acción (*monoenergismo*) propuesta por el Patriarca Sergio de Constantinopla. La razón de la condena es que estas posiciones fácilmente llevaban a la afirmación que si Jesús sólo tenía una voluntad y una acción, entonces sólo tenía una naturaleza. Se afirmaron dos voluntades y centros de acción en Jesús, uno divino y otro natural, que desarrollan las actividades propias de cada uno y en comunión uno con otro.

Conclusión

Las controversias cristológicas patrísticas fueron de suma importancia para la comunidad cristiana por varias razones. Primero, en la Iglesia se promovió una apreciación más profunda del misterio de la Trinidad y su formulación dogmática en profesiones de fe o credos. Esto ilustra la importancia del papel del magisterio de la Iglesia y de los concilios como medios para realizar esta tarea. También destaca la importancia del obispo de Roma en el colegio episcopal, especialmente por la contribución del Tomo del Papa San León I. Las controversias cristológicas nos demuestran cómo el desarrollo del pensamiento teológico tiene que crear nuevas categorías teológicas empleando la filosofía griega. Se trata de pasar de la Palabra de Dios a la teología dogmática para profundizar más completamente en el depósito de la fe.

Este período nos hace entender la necesidad que la Iglesia tiene de independizarse del poder civil para poder ejercer su vida sin coerción ni manipulaciones políticas del emperador. Finalmente, el Concilio de Calcedonia nos provee de una manera especial un marco de referencia cristológico normativo para futuras generaciones que necesitarán explicar lo que la Iglesia cree acerca de Cristo. Esas futuras generaciones, que en su época tendrán que responder a la pregunta de quién es Jesucristo, utilizarán un lenguaje teológico y categorías cristológicas que transcienden las griegas de la época patrística. Sin embargo, al mismo tiempo tendrán que ser fieles a las verdades que las categorías dogmáticas como persona, naturaleza y sustancia comunican y que los grandes concilios ecuménicos de este tiempo definieron solemnemente e introdujeron a la comunidad cristiana.

Veremos este drama de nuevas interpretaciones acerca de Jesucristo en los capítulos siguientes. A veces la obra demostrará más agrado al concordar con la tradición dogmática patrística y en otros momentos rechazará esa tradición violentamente y caerá en nuevas herejías acerca de Nuestro Señor. De todas formas veremos cómo la historia y la cultura reclamarán a Nuestro Señor para sí, afirmando que Jesucristo no sólo es importante para la Iglesia y los teólogos y teólogas, sino que es patrimonio de toda la humanidad y de todos los tiempos.

Para reflexionar y comentar

- ¿Por qué fueron las controversias cristológicas de la época patrística importantes para la Iglesia?
- ¿Por qué se cambió del lenguaje bíblico al lenguaje filosófico griego para explicar la fe de la Iglesia?
- ¿Qué significa que el Concilio de Calcedonia le proporcionó a la Iglesia un marco de referencia para que futuras generaciones pudieran explorar y explicar su fe en Cristo, Dios y hombre?

3 DIFERENTES CONCEPCIONES HISTÓRICAS DE CRISTO

La Carta a los Hebreos proclama que Jesucristo es el mismo ayer, hoy y siempre (Heb 13:8). Sin embargo, la historia nos revela que lo hemos presentado de muchas maneras diferentes a lo largo de la historia. La manera como épocas y culturas diferentes han entendido lo esencial de la persona y misión de Jesucristo también sirve para entender el espíritu y los temas centrales de los tiempos y culturas que así lo han presentado. Esto ayudará a que nos entendamos nosotros mismos. El estudio de esos diversos retratos de Jesucristo es la labor de la *teología histórica*. Y quizás no ha habido un teólogo histórico más exitoso en esa tarea que el fallecido Jaroslav Pelikan, ministro luterano convertido a la ortodoxia y profesor de la universidad de Yale por muchos años. Pelikan escribió un libro acerca de Jesucristo que inspira este capítulo y que fuertemente recomendamos para los que quieren profundizar esta línea de investigación cristológica. Sus datos aparecen en la bibliografía selecta al final del manual.

Hemos escogido solamente cuatro de los más de una docena de retratos cristológicos que Pelikan presenta en su libro: el Cristo sufriente, el Cristo cósmico, Cristo el espejo de lo eterno y Cristo el poeta del espíritu. Pelikan nos enseña que Jesucristo es patrimonio de la humanidad y no solamente la curiosidad de los teólogos y teólogas y la joya amada y preciosa de la Iglesia.

El Cristo sufriente

La Edad Media (siglos V-XV d.C.) fue un período cuando el sufrimiento y el terror caracterizaron la vida de muchas personas. Esto no quita que durante este tiempo no haya habido grandes avances culturales, como por ejemplo, el nacimiento de la universidad. Las invasiones de pueblos nómadas del oriente y del norte de Europa y el derrumbe del Imperio Romano con el caos y el terror que éste produjo, la constante amenaza militar del Islam, la pandemia de la plaga bubónica del siglo XIV d.C. y la estructura socio-económica feudal rígida tan marcada por la explotación de los peones contribuyeron a crear una conciencia de la fragilidad de la vida y la omnipresencia de la muerte. Pelikan describe esto en términos de vivir la vida en función de la muerte.

En términos cristológicos esta realidad socio-cultural tan oscura sacó de relieve al Cristo sufriente. Se llega a entender a Jesucristo como el hombre que vivió su vida para la muerte. La muerte de Cristo se convirtió en la razón principal de ser en su vida. Su pasión y muerte agonizada en la cruz se ven como redentoras o la causa de un bien mayor – la salvación de la humanidad. Y el símbolo de la cruz y el crucifijo se encontraban por todas partes como un talismán eficaz contra todas las fuerzas poderosas y diabólicas que amenazaban a la persona y a la sociedad. Esta dimensión de la vida y misión de Jesucristo ya se habían notado antes en el capítulo de las cristología del Nuevo Testamento, especialmente en la teología de la cruz de San Pablo que la propone como el poder y sabiduría de Dios (1 Cor 1:23-24). Sin embargo, aquí estamos destacando cómo esta faceta cristológica de la fe cristiana se convierte en algo central para la Edad Media y de cierta manera, la encapsula y define.

Esta preocupación con la cruz y el Cristo sufriente se manifiesta teológicamente en la contribución de San Anselmo de Canterbury en su famosa *teoría de la satisfacción*. Se trata de una *soteriología* o teología de la salvación que impacta en el entendimiento de la identidad y misión de Jesús. En su libro *Cur Deus Homo (¿Por qué se hizo Dios hombre?)*, San Anselmo argumenta que el pecado quebró el orden del universo. Antes de restaurar lo que se quebró se le debía alguna compensación a Dios. Pero los seres humanos no podían ofrecer tal compensación ya que nuestra ofensa fue contra un Dios infinito y nosotros somos seres finitos. Solamente sería justa una compensación infinita y sólo Dios podría proveerla. Pero Dios no era el único que podría proveerla, sino alguien que fuera a la vez Dios y humano. Por esta razón es que Dios se hizo hombre – para satisfacer el pecado de los seres humanos.

Jesús muere en la cruz por los pecados de la humanidad. Es un acto que no se requiere de él, porque no tiene pecado. Pero su sacrificio es expiatorio y satisface la justicia divina precisamente porque él es inocente y muere en la cruz voluntariamente por nuestros pecados. Por lo tanto, Cristo es quien murió en sustitución por nuestros pecados. San Anselmo desarrolla su teoría de satisfacción dentro del contexto socioeconómico feudal donde existía un lazo de honor entre el señor y sus súbditos. Cuando se violaba el honor del señor se atentaba no solamente contra él sino contra todo el sistema feudal. Por tanto se exigía una compensación o satisfacción para restaurar el orden del sistema feudal. San Anselmo aplicó esta lógica a las relaciones entre Dios y el universo. La teoría de Anselmo, aunque influyente, nunca se llegó a proclamar como una doctrina oficial de la Iglesia.

Otro aspecto durante la Edad Media de un interés por la cruz se desarrolló en una de las instituciones más importantes de esa época – los monasterios. Los monasterios son anteriores a la Edad Media, pero durante este período jugaron un papel importantísimo como centros de evangelización, cultura y enseñanza. Los monjes y las monjas cristianos que los habitaban configuraban su vida a la de Cristo crucificado que renunció a los placeres del mundo, tomó su cruz y de esta manera conquistó al mundo. Los monjes y las monjas se retiraban del mundo y buscaban la paz de Cristo que el mundo no podía proveer (*fuga mundi*). Es una vida guiada por las reglas formuladas por los grandes fundadores del monasticismo como San Antonio de Egipcio, San Agustín de Hipona y San Benedicto de Nursia. Estas reglas monásticas, inspiradas en la vida de Jesucristo en los evangelios, enseñan cómo negarse a sí mismo por medio de los votos de pobreza, obediencia y castidad. Estos votos configuran al monje y a la monja al Cristo pobre, humilde y obediente de los evangelios. Quizá el ejemplo más conocido y amado de esta forma de seguir al crucificado fue San Francisco de Asís. Aunque San Francisco no fue monje sino fraile mendicante, su vida de amistad con los pobres, austeridad, amor a la naturaleza y sobre todo el don místico del estigma o las llagas de Cristo que recibió en su propio cuerpo lo convirtió en el representante por excelencia de la Edad Media del *Alter Christus* u otro Cristo – la persona crucificada al mundo que descubre la verdadera vida al perderla en servicio de otros y en imitación del Cristo pobre, casto y obediente.

El Cristo cósmico

En las cartas paulinas, en el prólogo de San Juan y en la cristología del *logos* de San Justino Mártir hemos visto lo que se denomina como la cristología cósmica. A Jesucristo se le considera como el *Logos* o la Palabra Eterna. El *logos* era para la metafísica griega el principio racional que hace al universo inteligible y no un caos. Era eterno y no admitía el cambio de nuestro mundo. Sin embargo, la fe cristiana añadió esta concepción del *logos*, algo que la filosofía griega no aceptaba. El *Logos*, en las palabras de San Pablo, se rebajó y se hizo hombre (Fil 2:6-11) Al encarnarse de la Virgen María y nacer según la carne como Jesús, el *Logos* o la Palabra eterna santificó al mundo cambiante que la filosofía griega consideraba inferior a lo que verdaderamente era real, o sea lo espiritual, lo eterno y lo inmutable. Esta cristología se ha expresado más característicamente en la figura del Pantocrátor o Cristo todopoderoso, que está tan presente en las cúpulas de muchas iglesias ortodoxas. Se pinta o se representa a Cristo, el juez de vivos y muertos, en mosaicos, con ojos abiertos y penetrantes que dan una impresión a la vez severa y serena. Está sentado en un trono, vestido de púrpura imperial, con el evangelio en una mano y el gesto de bendición en la otra.

En el siglo XIII d.C., Santo Tomás de Aquino, el gran teólogo y filósofo de la Orden de Predicadores, rompe con la cristología de San Anselmo y postula que la encarnación ocurrió porque a la esencia del bien le corresponde comunicarse a otros y a la esencia del bien máximo le corresponde comunicarse de grado máximo a la criatura. De esta manera Santo Tomás desarrolló otro aspecto del Cristo cósmico que son las dimensiones racionales, tanto divinas como humanas, del *Logos* encarnado. Siguiendo a San Agustín, Santo Tomás ve a Jesús como nuestro mediador con Dios porque en él se unen lo divino y lo humano. Santo Tomás teorizó acerca de la unidad entre lo divino y lo humano en Jesús. Para él la naturaleza de algo o alguien es lo que lo distingue de otros seres. Para los seres humanos, esa naturaleza es racional. La persona es lo que nos informa quien es quien.

Santo Tomás de Aquino, influido por el teólogo Boecio, dirá que la persona es la sustancia individual de una naturaleza racional. Entonces, la persona de Jesús es una. O sea, que es una sustancia individual y única porque contiene dos naturalezas. Una naturaleza es humana o racional y la otra divina, y las mismas hacen que Jesús sea totalmente diferente de cualquier otro ser humano o ser divino en existencia. De esta manera Santo Tomás, utilizando el sistema de Aristóteles, trata de explicar de una manera filosófica la formulación dogmática del Concilio de Calcedonia de la *unión hipostática*.

Pierre Tielhard de Chardin, S.J., paleontólogo y teólogo jesuita, silenciado por la Santa Sede a causa de sospechas de *panteísmo* y de no defender la doctrina del pecado original, pero mejor visto por ojos papales en nuestros días,[3] desarrolló una variante de la cristología cósmica. Tielhard propuso la teoría de Cristo, el punto Omega hacia el cual se dirige la evolución. Este *proceso evolucionista teleológico* es como una especie de liturgia cósmica, donde por la acción de Cristo que lo atrae a su finalidad planeada por Dios, el universo entero se convierte en una hostia viva.

---

3. Benedicto XVI, Homilía de las Vísperas del 24 de junio, 2009 en la Catedral de Aosta, Italia: http://www.vatican.va/holy_father/benedict_xvi/homilies/2009/documents/hf_ben-xvi_hom_20090724_vespri-aosta_sp.html. Obtenido el 4 de noviembre, 2009.

Cristo el espejo de lo eterno

Al comienzo de la modernidad en el siglo XVI d.C., los dos grandes reformadores Lutero y Calvino consideraron a Jesús como el espejo que nos revela el corazón paterno de Dios. Sin Jesucristo el Dios que conocemos es un juez terrible y vengativo. Jesús era para ellos el espejo de lo eterno, de Dios que es verdad, belleza y bondad.

El espejo refleja una imagen cierta de algo o alguien que existe. San Pablo nos recuerda que en esta vida conocemos las cosas, incluso las cosas divinas, como si las viéramos por un espejo que no refleja bien (1 Cor 13: 12). Sin embargo, gracias a Jesucristo, la verdadera imagen del Dios invisible (Col 1:15) y la verdad divina contenida en la palabra de Dios inspirada, tenemos un espejo que nos refleja la verdad, la belleza y el bien eterno que es Dios.

Lutero consiguió que sus contemporáneos modernos entendieran mejor a Jesús por su traducción alemana, elegante y fluida del Nuevo Testamento y sus bellos sermones acerca de la vida de Cristo. Esos sermones se enfocaban en el Jesús de los evangelios y rechazaba la interpretación bíblica medieval que con frecuencia empleaba la alegoría que era complicada de entender. La traducción del Nuevo Testamento de Lutero y sus sermones inspiraron a músicos y artistas alemanes como J.S. Bach, Albrecht Dürer y Lucas Cranach, hijo, a presentar a Jesús de una manera más moderna. Por ejemplo, Lucas Cranach pintó una escena de la última cena donde los discípulos y la mesa reflejan las costumbres y la moda de la Alemania del siglo XVI d.C.

A Calvino le preocupaba esta manera de proclamarle a Jesús a su época porque existía el peligro de caer en la idolatría. El Dios de Calvino era sumamente soberano y transcendente y no se prestaba a las adaptaciones encarnadas o contextuales de Lutero y de los artistas que se inspiraron en éste. Calvino se preocupaba que tales concesiones a la cultura del momento podrían contaminar la imagen pura del Jesús bíblico con las características pecaminosas de su época. Para Calvino esto se parecía mucho a los compromisos que él consideraba fatales que el catolicismo había hecho tantas veces con el mundo en su empeño de presentar la fe cristiana de una manera encarnada para que le hablase a la cultura del momento. Por tanto, él le presentó a Jesús a sus contemporáneos en el ámbito de la moral y de la justicia.

Calvino había sido entrenado como abogado y entendía que la soberanía transcendente de Dios en Jesucristo se extendía al mundo de la política. A Calvino no le gustaba la noción de Lutero, que seguía la enseñanza de San Agustín y decía que había dos reinos, el divino y espiritual y el terrenal o político. Calvino pensaba que el gobierno civil debía reflejar la economía divina o del bien que la Sagrada Escritura había propuesto. En Ginebra, Suiza, el cuartel general de la reforma de Calvino, éste estableció una teocracia. Es decir, los pastores protestantes, cuya erudición bíblica los convertía en intérpretes autorizados de la Sagrada Escritura para el orden político, dirigían el gobierno.

Cristo, el poeta del espíritu

En el próximo capítulo estudiaremos con más detalle la cristología del siglo XVIII d.C. que, enamorada de las ciencias empíricas, buscó a un Jesús que fuera aceptable a la historia científica y crítica de la modernidad (siglos XVI-XX d.C.) Concluimos este capítulo examinando el Romanticismo, o sea, la respuesta que el siglo XIX d.C. le dio a ese movimiento intelectual y cómo éste influyó la cristología. El Romanticismo fue un movimiento político y cultural que, aunque se originó en Alemania e Inglaterra, se estableció en muchos países europeos y americanos.

El Romanticismo, en contra del *racionalismo* de la Época de la Ilustración (Siglo XVIII d.C.) y de cualquier reglamento establecido, ensalzaba los sentimientos, la subjetividad y buscaba la libertad de todo tipo de limitación impuesto desde afuera, o sea, la rebeldía. Los románticos solían ser liberales y nacionalistas en su política, individualistas, vitales, creativos, espontáneos y amantes de la naturaleza en su concepción del ser humano y la realidad. También preferían las obras artísticas no completamente elaboradas ni terminadas. Entre los nombres más asociados con este movimiento podríamos nombrar a Goethe, Beethoven, Byron, Shelley, Keats, Hugo, Dumas, Manzoni, Pushkin, Poe, Goya, Hernández, Mármol y Acuña. En cuanto a la cristología, el Romanticismo abandonó la búsqueda científica por el Jesús histórico y se preocupó por el Jesús que reconciliaba al hombre y a la naturaleza y todo otro tipo de dualismo a través de la poesía del espíritu.

Schleiermacher, Coleridge y Emerson rechazaron la historicidad de los milagros de Jesús al igual que se hizo en la Época de la Ilustración. Sin embargo, a diferencia de los racionalistas del siglo XIX, Schleiermacher, Coleridge y Emerson no trataron de explicarlos intelectualmente sino situarlos en una visión de la realidad más amplia que la del racionalismo. Esa visión de la realidad es una razón intuitiva que busca reconciliar todo los dualismos aparentes en los milagros de Jesús, como por ejemplo, lo natural o su humanidad y lo espiritual o divino. Para el teólogo alemán Schleiermacher, a diferencia de cualquier otro ser humano, Jesús fue un hombre con una conciencia de Dios incomparable. Jesús era el genio espiritual por excelencia, pero no se consideró que era un ser diferente en esencia a otros seres humanos. Jesús era el hombre espiritual perfecto. Jesús era el arquetipo o patrón del artista o poeta cuya conciencia de Dios había sido manifestada imperfectamente por otros en el pasado.

El Romanticismo buscaba serle fiel al misterio de la belleza o lo que Hegel llamó la verdad representada de maneras no intelectuales. Sin embargo, en lo que se refiere a Jesús, no lo lograron. Karl Barth, el gran teólogo evangélico que se oponía a la teología protestante liberal del siglo XIX, comentó que el Jesús que Schleiermacher presentaba era reduccionista y se acomodó al espíritu de la Ilustración de tal manera que malinterpretó al maestro que quería servir. Ni el Racionalismo ni el Romanticismo pudieron explicar por qué crucificaron a Jesús, el profesor ilustrado, o a Jesús, el poeta, cuando ambos personajes eran sumamente convencionales.

Conclusión

Este capítulo ha seguido el enfoque histórico-cultural del gran historiador de la teología Jaroslav Pelikan para recoger algunos retratos de Jesús que han influido tanto la cultura y la teología del pasado y hasta las de nuestros días. Este ejercicio es importante para recordarnos que Jesús es patrimonio no solamente de la Iglesia y de los teólogos y teólogas, sino de la humanidad. El gran médico humanitario y teólogo Albert Schweitzer nos recordó que cada nueva época rehace a Jesús. La manera como cada época concibe a Jesús nos ayuda a entender las presuposiciones no articuladas por las que la cultura de cada una se informa, se inspira y se guía. Pelikan decía que cada retrato o imagen de Jesús que cada época tiene revela el genio de esa época.

Toda esta reflexión acerca de la cultura y la cristología nos debe llevar a pensar acerca de la manera como la cultura popular y élite de nuestros tiempos presenta al Señor. ¿Qué dice la música rock secular de él? ¿Cuáles son las figuras cristológicas que aparecen en el cine o las telenovelas? ¿Cómo y dónde se ve a Cristo en Internet? Y ¿qué dice todo esto acerca de nosotros y de nuestra época? ¿Qué nos ilusiona, qué nos separa, qué nos preocupa, qué nos conforta? En el próximo capítulo retomamos el mundo de la teología fijándonos en las cristologías de la modernidad y las contemporáneas de Europa y de Norte América.

Para reflexionar y comentar

- ¿Qué significado puede tener el Cristo cósmico para alguien que cree en la teoría de la evolución?

- ¿Tiene vigencia la soteriología de la satisfacción de San Anselmo de Canterbury para nuestros días? ¿Por qué?

- ¿Cuál es la crítica de Karl Barth del Jesús del Romanticismo? ¿Estás de acuerdo? ¿Por qué?

- ¿Qué significa decir que Jesús es un espejo de lo eterno? ¿Cómo lo entendieron Lutero y Calvino? ¿Qué punto de vista, el de Lutero o el de Calvino, te convence más?

4 CRISTOLOGÍAS CONTEMPORÁNEAS

Del Romanticismo del siglo XIX pasamos ahora al siglo XX y al XXI para considerar algunas contribuciones cristológicas importantes. Durante este siglo predominan dos preocupaciones principales que influyen mucho en la investigación cristológica. La primera tiene que ver con lo que la humanidad de Jesucristo tiene que decirle a los seres humanos hoy día. La segunda es la preocupación por la veracidad histórica del Cristo de la fe cristiana. Comenzamos con la segunda de estas preocupaciones, o sea, las tres investigaciones para encontrar al Jesús histórico.

Buscando al Jesús histórico

Las investigaciones para encontrar al Jesús histórico comienzan con la Modernidad (el siglo XVIII) y su postura crítica (científica, empírica, objetiva) hacia el Jesús de los evangelios y de la fe cristiana. Esto se debe a que las personas se dieron cuenta de que los evangelios no son documentos históricos en el sentido que la Modernidad entendía la historia, sino retratos desde una perspectiva creyente para aumentar y despertar la fe cristiana. Algunos teólogos cristianos como Rudolph Bultmann, han mantenido que el conocimiento del Jesús histórico no es esencial para la fe. Sin embargo, la mayoría de los teólogos y teólogas cristianos que se consideran ortodoxos o en comunión con la Iglesia discrepan y piensan que hay una conexión necesaria o una continuidad entre el Cristo que la Iglesia adora y el hombre que vivió en Palestina hace más de 2,000 años.

Antes de indagar en la historia interesante de estas investigaciones por encontrar a ese Jesús histórico es acertado aclarar los términos que se refieren al Jesucristo que estamos estudiando en este capítulo y en el cuál creemos como cristianos. Podemos distinguir entre el *Jesús histórico o de la historia* y el *Cristo de la fe*. El Jesús histórico puede entenderse de dos maneras. Jesús, el hombre, vivió en este mundo hace dos mil años y vivió en Palestina. También se entiende al Jesús histórico de una manera más técnica o especializada. El Jesús histórico es una reconstrucción histórica que emplea fuentes, de la Biblia y otras también, para dibujarnos un retrato crítico o una aproximación de quién fue el Jesús que vivió hace 2,000 años. Un retrato crítico significa una elaboración erudita del verdadero Jesús que se atiene a los cánones de la investigación científica histórica. O sea, es un retrato que exige evidencia inconvertible o suficientemente plausible para eliminar cualquier duda de la veracidad de los hechos y conclusiones de la reconstrucción histórica. Se trata de un conocimiento más o menos cierto basado en una aproximación histórica donde la fe y sus criterios no desempeñan un papel confiable. Estas reconstrucciones o aproximaciones históricas tienen grados diferentes de precisión, autenticidad y utilidad según los métodos que sus creadores emplean.

Sin embargo, nosotros los cristianos creemos que Jesucristo resucitó de entre los muertos y está sentado a la derecha de Dios Padre con el Espíritu Santo, vínculo de amor entre él y el Padre. Tenemos acceso a ese Jesús glorificado por su Espíritu, especialmente de una manera sacramental, en la Eucaristía. Los teólogos llaman a ese Jesús con el nombre técnico y preciso del Cristo de la fe.

El Cristo de la fe es el Jesús que nos presentan los varios retratos de la fe de los evangelios. Nosotros los cristianos creemos en esos retratos porque hemos recibido el don de la fe que nos abre el horizonte de una relación íntima y confiada en Dios, Jesucristo y el Espíritu Santo. Tendemos a leer los evangelios sin sospechar el testimonio que dan de Jesucristo. También nutrimos nuestra fe en Jesucristo por otras tradiciones eclesiales, como por ejemplo, la liturgia y los credos o profesiones de fe. Algunos teólogos mantienen que no hay ninguna conexión entre este Jesús y el verdadero Jesús, y hasta dicen que se ha dado una distorsión. Por ejemplo, Dominic Crossan del "*Jesus Seminar*" y muchos otros como por ejemplo, el Padre Raymond Brown, S.S., exégeta católico ya fallecido, el exégeta británico y obispo anglicano N.T. Wright y Su Santidad Benedicto XVI entre otros no están de acuerdo. El grado de conexión o continuidad se debate entre los teólogos y teólogas y depende de la interpretación de la Biblia que utilizan para elaborar sus cristologías.

Es importante recordar entonces que el Cristo que la fe nos provee va a ser más expansivo y completo que el Jesús histórico. Los mismos discípulos de Jesús, que lo conocieron hace 2000 años, definitivamente no lo reconocieron como el Cristo hasta después de la resurrección. El envío del Espíritu Santo despertó en ellos una relación de fe con él, les abrió los ojos y encendió sus corazones con amor hacia él.

El Jesús histórico que la ciencia histórica busca es una creación reducida de investigadores históricos. Esta creación histórica es reducida porque los investigadores consideran que la información, la cual es relativamente escasa, no es científicamente confiable. Muchas de las preguntas que tenemos acerca del Jesús histórico y de la veracidad histórica del Cristo de la fe – ¿resucitó o no?, ¿son verdaderos sus milagros? – caen fuera del ámbito de investigación de las ciencias históricas. Es así porque estas ciencias se preocupan por lo que se puede verificar y medir por la razón crítica y científica, a la cual no le corresponde la investigación de eventos tras-históricos que, como la resurrección y los milagros, son de una dimensión que va más allá del tiempo y del espacio, o sea, que son trascendentes.

La primera investigación para encontrar al Jesús histórico

La primera investigación para encontrar al Jesús de la historia nace del encuentro del texto bíblico (influido por la cosmovisión semita y clásica) y la mentalidad moderna (con su fe infalible en las ciencias naturales empíricas y la conciencia histórica). Según estudios protestantes liberales de los siglos XVIII y XIX, la Biblia no podía tomarse al pie de la letra. Se tenía que desconfiar de su narración anti-moderna. Durante el siglo XIX tradicionalistas y racionalistas quisieron defender el testimonio bíblico. Los racionalistas buscaban explicaciones naturalistas para los milagros bíblicos, mientras que los tradicionalistas tomaban una posición fundamentalista en cuanto a la veracidad histórica de la Biblia.

En el siglo XVIII, el alemán Hermann Samuel Reimarus y muchos otros teólogos, a quienes David Friedrich Strauss representó muy bien, formaron parte del grupo de teólogos que negaban la veracidad histórica de la Biblia y afirmaban que la Biblia pertenece al género literario del mito. Argumentaban que en el Nuevo Testamento los valores inspirados por el Jesús histórico se proyectaron en forma de mito a una figura ideal, Cristo el Dios-hombre, para así inspirar éticamente a otros. En realidad, Jesús había sido una figura apocalíptica frustrada, a quien sus discípulos ennoblecieron y espiritualizaron.

Otros que siguieron la investigación para encontrar al Jesús de la historia son Adolf von Harnack, Wilhelm Wrede, Johannes Weiss y Albert Schweitzer. Sin embargo, ninguno llegó a resolver el problema de lo que se puede conocer de Jesús por medios históricos y por documentos cristianos. Sus esfuerzos crearon cada vez más un golfo entre el Jesús de la historia y el Cristo de la fe. El Jesús de la historia que estos teólogos elaboraron en sus vidas de Cristo se parecía cada vez más a ellos mismos – un maestro ético, no violento, creyente en un Dios bueno. Es una imagen que, para la Modernidad que tenía sed de lo trascendente, cada vez decía menos.

La segunda investigación para encontrar al Jesús histórico

En 1953 el teólogo alemán luterano, Ernest Käsemann, estipuló que los cristianos no resolverían su situación de que la fe es un mito sin conexión con la historia hasta que no se resolviera la crisis entre el Jesús de la historia y el Cristo de la fe. En esto Käsemann se distanciaba de su mentor, Rudolph Bultmann, que argumentaba que el Jesús de la historia no era solamente inaccesible sino poco relevante para la fe cristiana. Aunque Käsemann mantuvo que existía una continuidad entre el Jesús de la historia y el Cristo de la fe o el kerigma, él admitió que es difícil llegar al Jesús de la historia a través de documentos que eran el producto de la fe en el Misterio Pascual. Käsemann introdujo criterios para separar afirmaciones del kerigma de lo que se considera que Jesús hizo y dijo.

Otros teólogos como Ernst Fuchs, Günther Bornkamm, Hans Conzelmann, John A.T. Robinson, Gerhard Ebeling y Joachim Jeremías continuaron el esfuerzo de Käsemann. Acordaron en un Jesús histórico que enseñaba la llegada del Reino de Dios con una autoridad que él entendía superaba la de Moisés. Él tenía una relación mística e íntima con Dios. Esto era lo que él llamaba "experiencia Abba" o de Dios como papá cercano y tierno.

La tercera investigación para encontrar al Jesús histórico

La tercera investigación para encontrar al Jesús de la historia se manifiesta en la década de los años 80 y se basa en los descubrimientos de la segunda investigación. La diferencia entre la segunda y la tercera investigación es que la tercera se apoya en fuentes no bíblicas para sus reconstrucciones del Jesús histórico. Esas fuentes no bíblicas nos dan un panorama más completo del mundo social, cultural y religioso del Jesús histórico.

Los investigadores de este tercer empeño se fijan en la estructura de la familia galilea del primer siglo, las relaciones sociales, especialmente la posición de la mujer, el dominio romano de Palestina y las influencias helenísticas en el judaísmo y la Palestina de Jesús. Figuras claves en la tercera investigación incluyen entre otros a John Meier, el sacerdote diocesano de Nueva York y profesor de la Universidad de Notre Dame en Indiana, John Dominic Crossan y Robert Funk del *"Jesus Seminar"*, Elisabeth Schüssler-Fiorenza, de la Universidad de Harvard y el obispo anglicano de Durham, Inglaterra, Nicholas Thomas Wright.

Y ¿quién es el Jesús que estos exégetas han reconstruido y para qué sirve? Como hemos mencionado antes, según los métodos que emplean, el Jesús histórico tiene una continuidad con el Cristo de la fe o rompe drásticamente con éste y considera que el Cristo de la fe es una distorsión de la Iglesia. Sin embargo, aquellos que no son tan radicales, por ejemplo Meier y Wright entre otros, han sacado al relieve una reconstrucción histórica de Jesús que concuerda en muchos puntos. Esa reconstrucción puede complementar al Cristo de la fe que la Iglesia adora y ayudarnos a entenderlo y a entender su época más completamente para así apreciar mejor su identidad especial y su misión.

El Jesús histórico de la tercera investigación

Jesús fue un galileo que unió a un grupo de discípulos en torno a sí. Muchos de ellos habían sido discípulos de Juan Bautista. La predicación de Jesús y Juan tenía varios temas en común: Israel se encontraba en una encrucijada que exigía una conversión individual y comunitaria si no quería que el juicio de Dios fuera negativo. Eventualmente, Jesús se distanció de Juan Bautista. Aunque Jesús le predicó a la multitud, él juntó a un grupo selecto de discípulos a su alrededor y los invitó a que lo siguieran, a hacerse sus amigos y a continuar su ministerio de predicación y grandes obras, como las sanaciones milagrosas. Jesús consideró que este grupito era su familia y de entre ellos nombró a "los Doce" que representaban al Israel escatológico o la restauración del Israel unido de los profetas hebreos. La Iglesia nació de esta comunidad.

La predicación de Jesús fue diversa y llamó a sus oyentes a una elección y a un compromiso. Esa predicación menciona con frecuencia un juicio escatológico. Las parábolas en particular nos invitan a ver el mundo con nuevos ojos. Presentan a Dios como compasivo y preocupado por acercarse a los pobres y pecadores. Jesús se dirigía a Dios de manera íntima como "Abba" o papá, y les enseñó a sus discípulos a hacer lo mismo. Jesús predicó el reinado de Dios, ya presente en su ministerio y con una dimensión escatológica. Otros aspectos del ministerio de Jesús incluyen los milagros, los exorcismos, las sanaciones, la reconciliación de los pecadores y el compartir la mesa con marginados y pecadores. Las mujeres de su época también desempeñaron un papel importante en la vida, el ministerio y en relación a los discípulos de Jesús. Jesús rompió las normas y costumbres de su época y en muchas ocasiones las trató como iguales y las invitó a que formaran parte de su comunidad y a que continuaran su misión.

La muerte de Jesús probablemente ocurrió debido a sus acciones proféticas en el Templo de Jerusalén cuando criticó su estado y expulsó a los cambiadores de sus precintos. La purificación del Templo fue una señal profética de que el Templo sería destruido. Su muerte desbandó a sus discípulos que acudieron a la lectura de las Escrituras hebreas o Antiguo Testamento para entenderlas. En las imágenes como la del profeta rechazado, el siervo justo y sufriente, la piedra rechazada por los constructores, etc., vieron maneras de comprender lo que le había pasado a su maestro y amigo. Otra tradición cristiana más antigua que la de Pablo interpretó su muerte de manera salvífica, mientras que otra la entiende vinculada a su rol de servidor y a la Última Cena que tuvo con los Doce. Su muerte, libremente aceptada, se consideró como parte integral de su ministerio. Sus discípulos podían participar en su muerte a través de una solidaridad renovada con él y entre ellos mismos en sus celebraciones que volvían a recordar y representar lo ocurrido en la Última Cena. Jesús no muere desalentado sino confiado que su Abba lo vindicará de alguna manera y que su misión no fracasará.

El judaísmo del tiempo de Jesús creía en una resurrección escatológica general pero no personal. Israel, como colectivo o pueblo de Dios, no desaparecería después de esta vida, pero la noción de la resurrección personal todavía no se soñaba. La experiencia pascual que los discípulos de Jesús tuvieron fue que él resucitó a una nueva vida y que ellos eran testigos de esa nueva vida. Pablo nos recuerda que éste es el kerigma pascual y el corazón de la fe cristiana. No es fácil determinar lo que los discípulos experimentaron ya que los relatos pascuales de los evangelios no son narraciones históricas modernas sino testimonios de fe cuyo propósito es nutrir y despertar la fe en quienes los escuchan o leen.

Recordemos que la resurrección es un evento escatológico o tras-histórico. Se basa en el tiempo y en el espacio, pero los supera; su proyección va más allá del tiempo y del espacio a otra dimensión que los desborda. Es un evento trascendente. Por tanto la resurrección es real pero no se puede demostrar o comprobar por criterios históricos modernos. La resurrección supera lo histórico o el tiempo y el espacio: es la nueva vida de Jesús, el cuerpo glorioso del cual atestan testigos históricos – la tumba vacía y la fe de la Iglesia.

Las personas que lo amaron, que lo siguieron y que creyeron en él experimentaron al Resucitado como vivo y lo acompañaron de una manera nueva. Experimentaron un nuevo sentido de misión recibido del Resucitado de llevarles su mensaje a otros. Para nosotros los cristianos, esos testigos son fiables por la coherencia de su testimonio y la ejemplaridad de sus vidas. En otras palabras, ellos predicaron una buena nueva que le da sentido a nuestras vidas y estaban dispuestos a morir por su fe en el Resucitado. Nosotros también creemos porque, igual que esos primeros testigos de su resurrección, percibimos su presencia a través de la acción del Espíritu que actúa en nosotros y en el mundo.

Conclusión

Nuestra época ha visto aportes importantes y peligrosos para la cristología. Las investigaciones para encontrar al Jesús histórico han desafiado la fe de la Iglesia en la historicidad de su redentor. Sin embargo, el aporte de la exégesis histórico-crítica, aunque limitado, nos ha ayudado a entender mejor la época de Jesús y su originalidad. La preocupación de la humanidad por su identidad y autonomía desde el tiempo del Renacimiento hasta hoy día a veces ha creado una falsa oposición entre la libertad de los seres humanos y su fe en Dios. Como respuesta a esta situación, tanto la Iglesia, en el Concilio Vaticano Segundo, como muchos grandes teólogos protestantes y católicos, han elaborado cristologías que tratan de demonstrar que Jesús, verdadero Dios y verdadero hombre, no solamente nos demuestra quién es Dios, sino también quiénes somos nosotros cuando estamos plenamente realizados o humanizados.

En el próximo capítulo seguimos con los aportes de las cristologías contemporáneas, pero enfocando aquellas que se denominan como contextuales. Dejamos las contribuciones de los teólogos y teólogas de Europa y Norte América para aprender de las cristologías de América Latina, África, Asia y las de la perspectiva de la mujer o feminista. Concluimos con ciertas precauciones que la Santa Seda ha dado acerca de la elaboración cristológica de nuestra época.

Para comentar y reflexionar

- ¿Cuál es la diferencia entre el Jesús histórico y el Cristo de la fe?
- ¿Cuáles son las diferencias y semejanzas entre las tres investigaciones para encontrar al Jesús histórico?
- ¿Qué puede aportarle a nuestra fe las reconstrucciones históricas de Jesucristo?
- ¿Qué peligros para la fe podríamos identificar en algunas de esas reconstrucciones?

5 LAS CRISTOLOGÍAS CONTEXTUALES

Según el gran teólogo Karl Rahner, S.J., uno de los grandes aportes del Concilio Vaticano Segundo (1962-1965) fue encarnar y promover el entendimiento de la catolicidad o la universalidad de la Iglesia de una manera nueva. En su credo, la Iglesia siempre se entiende como católica o universal. Pero la manera de expresar esa catolicidad se limitó después del Concilio de Trento y se entendió como la iglesia local de Roma, extendida por todo el mundo, con los mismos ritos en el idioma de esa iglesia particular, o sea, el latín. Al Concilio Vaticano II asistieron obispos de todas partes del mundo y el mismo concilio reconoció que la catolicidad de la Iglesia exigía que ella acogiera las culturas de todo el mundo. La fe tenía que enculturarse o expresarse utilizando la mentalidad y las costumbres de pueblos fuera de Europa. Como dice Rahner, la Iglesia tenía que ser una iglesia mundial.

Al mismo tiempo el concilio adoptó el llamado del Papa Juan XXIII de "leer los signos de los tiempos" y reconocer que el Espíritu Santo estaba activo aun en el mundo contemporáneo. Esto supuso una ruptura significativa con la mentalidad pesimista que operaba en la Iglesia en aquel entonces que sospechaba de la modernidad y la consideraba como fuente de muchos errores anti-cristianos. Los documentos del concilio proponen un examen del mundo contemporáneo que es más balanceado. Reconoce a la vez movimientos positivos que promueven la humanización de la sociedad y otros que el Papa Juan Pablo II, durante su pontificado, mencionó como "promovedores de la cultura de la muerte". En el campo de la teología este examen más realista del mundo contemporáneo supuso una nueva valoración y atención a las experiencias contemporáneas de la humanidad como fuente para discernir la acción del Espíritu Santo para nuestros tiempos.

Este enfoque doble en la experiencia humana y las culturas fuera del continente europeo como fuente de la reflexión teológica se ha venido a llamar la teología contextual. Además de la experiencia humana personal y la cultura, tanto secular como religiosa, la teología contextual considera que la ubicación social de un grupo o una persona puede ser fuente de la reflexión teológica, como por ejemplo, su clase social, su género sexual, su raza, su etnicidad e incluso su orientación sexual. Finalmente, eventos o cambios sociales importantes también pueden considerarse "signos de los tiempos" que han de examinarse para discernir la acción de Dios en ellos.

En este último capítulo repasaremos las contribuciones de diversas teologías contextuales a la cristología. También veremos algunas advertencias que el Magisterio de la Iglesia ha expresado acerca de los nuevos senderos que la cristología ha explorado tanto en el mundo desarrollado como en el mundo en desarrollo.

Las cristologías de liberación de América Latina

El teólogo alemán protestante Volker Küster ha observado que las dos figuras cristológicas que predominaban en América Latina antes de la cristología de la liberación eran el Cristo sufriente y el Cristo cósmico. La teología de la liberación propone difundir el retrato cristológico latinoamericano con la imagen de Jesucristo libertador. Quizás las dos obras más importantes de la cristología latinoamericana son *Jesucristo libertador* (1972) del ex-sacerdote franciscano brasileño Leonardo Boff y *Cristología desde América Latina* (1976) del jesuita Jon Sobrino de ciudadanía salvadoreña. Küster ha identificado varias características de estas dos obras claves para apreciar la contribución de la cristología de liberación latinoamericana.

La cristología de liberación latinoamericana mantiene que Jesucristo es universalmente válido si se vuelve a reinterpretar para cada generación y para su contexto. Esta tarea hermenéutica es necesaria porque el Nuevo Testamento nos ofrece una pluralidad de cristologías que son testimonios de fe pos-pascuales que nacieron de diferentes comunidades creyentes y situaciones culturales. Parte esencial de la tarea hermenéutica de la cristología de liberación latinoamericana es rescatar al Jesús histórico del Cristo de la fe o *kerigma*. Por tanto, esta cristología puede considerarse como baja o ascendiente. Además, la validez universal de la cristología se basa en que Jesús es el Dios-hombre y todo pronunciamiento cristológico es a la vez un pronunciamiento acerca de Dios y de los seres humanos.

El papel del Espíritu Santo o la neumatología no se elabora en las cristologías de Boff y de Sobrino. Boff enfatiza más el significado cósmico de la resurrección y entiende al Resucitado como el reconciliador de todo. Sin embargo, Sobrino destaca más la cruz y la vida inmanente de la Trinidad o de las personas divinas entre sí. Ambos Boff y Sobrino presentan una cristología para el discipulado. Ellos entienden que ser discípulos de Jesús no es la imitación de Jesús, sino su seguimiento. Ese seguimiento implica la praxis o una acción liberadora comprometida para realizar el Reino de Dios en el mundo, especialmente en lo que toca a la justicia social. Sólo quienes siguen a Jesús de esta manera podrán entender y elaborar una verdadera cristología.

Y precisamente por esa razón es que los pobres son quienes entienden mejor a Jesús y lo siguen. No solamente lo entienden y lo siguen de manera ejemplar, sino que se convierten en su sacramento (Mt 25:25ff). La kenosis de Jesucristo restituye la dignidad de los pobres ante Dios. En Cristo los pobres cobran una nueva identidad que les devuelve su dignidad por medio de la promesa de Jesucristo que él estará con ellos. Sobrino toma prestada la idea de la "soteriología histórica" de su amigo y hermano jesuita, Ignacio Ellacuría, el rector de la Universidad Centroamericana de San Salvador que fue asesinado, para desarrollar la conexión entre los pobres de hoy y Jesucristo. Los pobres de ayer, de hoy y de mañana son un pueblo crucificado que continúan la vida, la muerte y la labor redentora de Jesucristo en la historia. Como dice Sobrino, los pobres son "mártires materiales". Igual que Jesucristo, la víctima inocente de la injusticia, el sistema socio-económico y político capitalista los quebranta al aplastarlos y violar su dignidad humana cuando les quita lo necesario para vivir una vida con honor y justicia.

Las cristologías hispanas de Estados Unidos

Eduardo Fernández, SJ, ha identificado la teología hispana de los Estados Unidos como un ejemplo de la teología contextual que busca presentarle el evangelio a la realidad latina en los Estados Unidos. A la teología hispana estadounidense, inspirada en y parecida a la teología de liberación latinoamericana, también le interesa elaborar una teología desde, con y para la base, en especial la lucha del pueblo de Dios por su liberación integral del pecado y de la injusticia social.

Sin embargo, la teología hispana estadounidense no se parece a la teología de la liberación latinoamericana en lo relacionado con ciertos factores que son de gran importancia en el contexto norteamericano, como por ejemplo, la cultura hispana que a veces se desprecia y sufre el ataque de la cultura norteamericana dominante que se caracteriza por su secularidad y elementos puritanos. En particular, los teólogos y teólogas hispanas estadounidense se fijan en la religiosidad popular de la población hispana como ejemplo del *sensus fidelium* y fuente fecunda para la reflexión teológica. También esta teología se interesa en el diálogo ecuménico, el aporte feminista y la pastoral de conjunto o colaborativa en equipo, los cuales están compuestos de sacerdotes, religiosas y personas laicas.

Virgilio Elizondo, el fundador de la teología hispana católica de Estados Unidos, de San Antonio, Texas y profesor de la Universidad de Notre Dame y Roberto Goizueta, teólogo cubanoamericano de Boston College, han sido dos que han elaborado una cristología que parte de la religiosidad popular católica del pueblo hispano en Estados Unidos. Goizueta nos recuerda que esa vivencia cotidiana de la fe adora a Jesucristo de una manera sacramental bajo muchos títulos e imágenes. Jesús es más que Jesús. Para Goizueta, y siguiendo la cristología del Concilio Vaticano II, Cristo es el *Ür-Sakrament* o sacramento por excelencia que revela y hace presente no sólo a Dios, sino quiénes debemos ser los hombre y las mujeres ya que él es verdadero Dios y verdadero ser humano.

Jesucristo es el crucificado, Nuestro Padre, hermano, amigo, solidario en el sufrimiento, hijo de María, miembro de nuestra familia, Cristo Rey, el Sagrado Corazón, el niño Jesús, el peregrino. Sin embargo, a pesar de todos estos nombres, tanto Elizondo como Goizueta identifican principalmente al crucificado como se le representa en las procesiones y dramatizaciones de la religiosidad popular católica hispana del Viernes Santo – la imagen predilecta de los hispanos en EE.UU. y, por tanto, de la teología hispana estadounidense.

Las personas latinas identifican a Jesús de una manera relacional. Por esta razón la Virgen María, que representa el vientre, a la familia y la cultura de la cual Jesús nació y en la cual fue criado, o lo que Goizueta llama "la comunidad pre-existente e involuntaria" de Jesús, es tan importante en la cristología hispana de EE.UU. Para nosotros los hispanos católicos, conocer a Jesús es conocer a María, o sea, lo que tradicionalmente se expresaba con la fórmula *Ad Jesum per Mariam* o a Jesús a través de María.

Por su parte, Elizondo ha identificado tres dimensiones o principios que se refieren a la manera cómo los méxico-americanos se relacionan con Jesús el galileo mestizo y que pueden servir para transformar la sociedad norteamericana. El primer principio es el "principio galileo" (1 Cor 1: 28, Mt 21: 42). O sea, Dios escoge como suyo lo que los seres humanos rechazan. Los judíos observantes de su época rechazan a Jesús el galileo porque, entre otras cosas, él procedía de Galilea, considerada zona provincial, impura e inferior por las personas de Jerusalén. Saber que a Jesús el galileo se le rechazó por su condición social ayuda a que todo miembro de un pueblo mestizo aprecie su identidad. Los pueblos mestizos cobran un nuevo sentido de dignidad y misión de Jesús el galileo. El principio galileo de Elizondo nos recuerda que, en todo lugar y tiempo, la Iglesia tiene que identificarse con el pobre por la opción preferencial que Dios ha tomado por ellos (2 Cor 8:9).

Otra dimensión o principio de la cristología hispana de Elizondo es el "principio de Jerusalén" (Lc 9:51, Jn 15:16). Los pobres y oprimidos de la tierra tienen una misión cristológica de denunciar, trascender y transformar lo que proviene del opresor que disminuye y destruye la dignidad que Dios le ha dado a la naturaleza humana. Se denomina principio de Jerusalén porque en el Evangelio de San Lucas Jesús va a Jerusalén a ser glorificado y a enfrentarse con los poderes religiosos y políticos que frustran el Reino de Dios. Dios ha elegido a los oprimidos y pobres no solamente para confortarlos, sino para darles una misión profética. En los EE.UU. Elizondo en particular dice que esto significa la denuncia y transformación del racismo y del capitalismo neo-liberal que pone las ganancias antes del bien común y de los más necesitados.

Por su parte, Goizueta escribe sobre el papel que la resistencia juega en la cristología. Él entiende el grito de Jesús en la cruz como un grito de resistencia contra la muerte. Es un grito de esperanza que no quiere aceptar el abandono aparente por el Padre como un hecho realizado. Ese grito de resistencia también es una reclamación a un Dios que lo abandonó injustamente. El grito de resistencia de Jesús en la cruz revela su identidad como Hijo de Dios porque ya es el resucitado mientras cuelga de la cruz. Jesús, como criatura sufriente en la cruz, expresa su identidad no como alguien a quien el sufrimiento le sucede sino como un ser humano con dignidad que cuestiona el dolor y la injusticia que está experimentando. De esta manera su dignidad no queda sepultada en la cruz sino que resucita con el grito que afirma su poder como ser humano con dignidad.

Por último, "el principio de la resurrección" (Jn 17:20) nos recuerda que en el misterio pascual ningún poder humano pudo sobreponerse al poder ilimitado del amor. La experiencia pascual de los discípulos de Jesucristo, como también hoy día, produce un gozo profundo y transformativo que da una certitud y convicción en cuanto a la dirección de la vida y su significado pleno. Es un gozo que puede enfrentarse a la oposición y a la persecución y que ni la violencia ni el mal pueden extinguir. Este testimonio de vida gozosa y comprometida se ve en las vidas de los mártires por la fe y la justicia hoy día, pero también en todo tipo de proyecto que busca mejorar las vidas de los oprimidos, especialmente en las comunidades eclesiales de base.

Elizondo entiende el mestizaje que caracteriza al pueblo méxico-americano, a otros pueblos y también al mismo Jesús como una profecía festiva. La profecía cristiana no puede quedarse en confrontación y denuncia, sino que tiene que incluir una celebración festiva caracterizada por el gozo, la esperanza, la paz y la serenidad, o sea los frutos del Espíritu de Jesús. Sin la fiesta la profecía es agria y cínica. La fiesta nutre la vida y la misión del pueblo como vemos cuando se celebran la Eucaristía y la Fiesta de Nuestra Señora de Guadalupe.

Las cristologías feministas

La teología feminista nació en la década de los años 70, influida por la teología de la liberación latinoamericana, la lucha por los derechos civiles de los afro-americanos en los EE.UU. y el movimiento feminista secular. El libro de la exégeta norteamericana Elisabeth Schüssler-Fiorenza de la Universidad de Harvard, *In Memory of Her: A Feminist Theological Reconstruction of Christian Origins* (1983) jugó un papel importantísimo para el movimiento teológico feminista. Otras teólogas feministas que han escrito acerca de la cristología son la ya fallecida Monika Hellwig y la Hermana Elizabeth Johnson, C.S.J. de la Universidad de Fordham en Nueva York.

Una pregunta clave para las teólogas feministas es cómo el hombre Jesús puede ser el salvador de la mujer. Algunas feministas ven en el hombre Jesús una defensa de la imagen masculina y patriarcal de Dios que está tan presente en la tradición cristiana. Esta imagen masculina y patriarcal de Dios ha servido en el pasado y hasta hoy día para propagar la idea errónea que el género masculino es mejor que el femenino, ya que Dios se encarnó como un hombre y no como una mujer.

La teología feminista rescata imágenes femeninas de Dios que se encuentran en las Sagradas Escrituras (Dt 32:18, Is 66:13, Os 13:8, Lc 13:34, 15:8-10). Subraya que el ministerio de Jesucristo proclamó paz y justicia para todos, hombres y mujeres por igual. Jesucristo se mostró partidario de las mujeres (Lc 13:10-13) y muchas fueron discípulas de su círculo íntimo (Lc 8:1-3) y lo acompañaron con su madre cuando los Doce lo traicionaron y huyeron (Lc 23:27, 49, 55). Después de su resurrección, a Jesucristo se le identificó como *sophia* o la sabiduría, una imagen femenina para Dios (1Cor 1:23-24, 2:6-8, Mt 11:19, Lc 7:35).

Por tanto, las teólogas feministas argumentan que las mujeres pueden participar a la par con los hombres en la misión salvífica de Jesús. Con la ayuda del Espíritu, ellas pueden representarlo en otras épocas como otros Cristos. Para muchas teólogas feministas esto incluiría la representación de Cristo como sacerdote. Ésta es una opción que el magisterio de la Iglesia, de manera definitiva, considera que no tiene el poder para dar esa autorización. A pesar de que Jesús no se llevó por las normas y costumbres de su época en sus relaciones de igualdad con las mujeres, él no escogió a ninguna para formar parte de los Doce o los Apóstoles que la Iglesia considera como los precursores del colegio episcopal y del sacerdocio de Jesucristo.

Las cristologías africanas

Dicen que África, un continente con un sin número de culturas y lenguas, será en el siglo XXI lo que América Latina fue para la Iglesia en el siglo XX – el continente de la esperanza. El crecimiento de la Iglesia en África durante el siglo pasado ha sido impresionante. Se estima que en el año 1900 había 900,000 africanos cristianos o sea, el 9% de todo el continente y el 2% de todos los cristianos en el mundo. En el año 2005 se calcula que había 189,000,000 africanos cristianos o sea, el 46% de todo el continente y el 19% de todos los cristianos en el mundo.[4] Por lo tanto, el cristianismo en África es importante no solamente para los fieles de ese continente, sino para toda la Iglesia y para la manera como los cristianos africanos entienden a Jesucristo. Por esta razón tiene una importancia universal. La cristología africana ha presentado al Señor de varias maneras, y en particular se ha identificado a Jesús como el jefe, el maestro de la iniciación, el antepasado y el sanador.

El título jefe, tan común en las sociedades tradicionales africanas, es equivalente al de *Kyrios* o Señor en el Nuevo Testamento. El teólogo católico congolés François Kabasélé ha trabajado la cristología de los títulos africanos enfocándose en el de jefe. Según Kabasélé, después de la reforma litúrgica del Concilio Vaticano II el título de jefe se incorporó en los textos litúrgicos en lenguas vernáculas africanas y en las expresiones visuales de la liturgia con el uso de símbolos tradicionales asociados con los jefes africanos, como por ejemplo, pieles de leopardo, colmillos de marfil y lanzas. El título jefe tiene varios significados en África pero el más importante es del poder del jefe. A Jesucristo se le considera jefe porque fue el héroe que defendió a su comunidad de los poderes maléficos de Satanás. Jesucristo también es el jefe porque es el hijo y emisario del jefe de jefes o Dios (*Mulopo*).

Además, Jesucristo es jefe por su fortaleza. Se le identifica con *bakolé* o el cruce entre lo terrenal y el más allá. Él es el mediador entre nosotros aquí en la tierra, los antepasados y Dios. A través de Jesucristo la vida fluye hacia la comunidad. La fuerza de Jesucristo depende de su participación en la existencia como tal, que es Dios. Jesucristo también es jefe porque es generoso y sabio. Su cumplimiento de la voluntad del Padre (Jn 5:19) es un punto

---

4. Todd M. Johnson, "Christianity in Global Context: Trends and Statistics," p. 2 Preparado para el Pew Forum on Religion & Public Life: http://pewforum.org/events/051805/global-christianity.pdf. Obtenido el 10 de noviembre, 2009

clave en la cristología africana. De esta manera Jesucristo está al tanto del bienestar de la comunidad y ofrece consejo sabio según la voluntad de los antepasados que lo apoyan del más allá. En resumen, Jesucristo es el jefe porque es el mediador y reconciliador.

En el contexto africano la iniciación es para la vida y ésta se entiende de manera comunitaria. La iniciación de un joven o una joven a la madurez o adultez tiene su origen en los antepasados. Al igual que el jefe, el maestro de la iniciación tiene que ser iniciado para ejercer ese oficio tan importante. Según el arzobispo católico Anselme Titianma Sanon de la Arquidiócesis de Bobo-Dioulasso en Burkina-Faso, Jesucristo, el maestro de iniciación por excelencia, también fue iniciado e incorporado por la circuncisión al pueblo de Israel. Esa iniciación del Señor se completó en el misterio pascual.

La iniciación de Jesucristo tiene varias dimensiones. El misterio pascual sirve de modelo de vida y muerte para nosotros. Por esa razón podemos decir que tiene una dimensión analógica. La iniciación del Señor a través de su misterio pascual fue vicaria para nosotros y por tanto tiene una dimensión soteriológica. Jesús nos inicia como nuestro hermano mayor que demuestra la dimensión pedagógica de su iniciación. Nuestra iniciación es un ejercicio de discipulado donde somos iniciados a formar parte de una comunidad de creyentes, la Iglesia, a través del catecumenado y el bautismo. Por último, el lenguaje simbólico de Jesús en sus parábolas y especialmente sus discursos en el Evangelio de Juan, nos revelan la dimensión estética de su iniciación. Jesús, de forma simbólica, nos demuestra los valores más importantes.

Una característica importantísima de la cultura africana es el lugar que los antepasados ocupan en la vida de todos. Los sacerdotes diocesanos y teólogos Charles Nyamiti de Tanzania y Bénézet Bujo de la República Democrática del Congo comentan que los antepasados son la fuente de la vida y el camino obligatorio hacia Dios. Para ser considerado un antepasado o una antepasada esa persona tendría que haber vivido ejemplarmente, haber perpetuado la vida a través de sus descendientes y haber tenido una buena muerte. Con el cumplimiento de estos criterios uno podría considerarse un mediador o una mediadora entre Dios y los seres humanos vivos. Jesucristo es el antepasado por excelencia porque comunica la vida eterna por medio de sí mismo y lo hace para su comunidad, la Iglesia. Jesucristo es un antepasado porque está presente entre los vivos. Los antepasados están presentes a su comunidad después de la muerte al igual que Jesucristo prometió estar presente con sus discípulos cuando dos o tres estaban reunidos en su nombre (Mt 18:20).

Jesucristo también es el mayor o más anciano. Se considera que los antepasados son los mayores o ancianos porque están más cercanos a la fuente y a la base de la vida. Este atributo fácilmente se le aplica a Jesucristo, el Hijo de Dios y nuestro mediador con el Padre. El último título africano para Jesucristo que consideraremos es el de sanador. El teólogo y sacerdote de Guinea, Cécé Kolié se ha concentrado en este título africano para la cristología. Jesucristo es el sanador por el papel que las sanaciones desempeñaron en su ministerio público. Como la Carta a los Hebreos nos recuerda, él es sanador porque a través de su propio sufrimiento él conoce el nuestro y está presente al mundo del sufrimiento humano de manera redentora.

Las cristologías asiáticas

El contexto socio-religioso de los cristianos en Asia es único. Son una minoría en todos los países menos en Filipinas y se encuentran rodeados de tradiciones religiosas mucho más antiguas que el cristianismo, como por ejemplo el budismo y el hinduismo. En el año 2005 se estimaba que había 351,000,000 cristianos en Asia o sea, el 9% de la población del continente.[5] Por lo tanto, el *diálogo inter-religioso,* o el intercambio respetuoso de opiniones entre los discípulos de creencias religiosas diferentes para promover la comprensión mutua y buscar la verdad, es una preocupación que empapa toda su elaboración teológica y la cristología no es excepción. Con esto en mente podríamos dividir las cristologías asiáticas en tres grupos: la exclusivista, la de inclusión y la pluralista.

Muchos cristianos evangélicos y pentecostales son representantes de la cristología exclusivista asiática. Para ellos no hay salvación fuera de Cristo o, como suelen expresarlo siguiendo la formación bíblica, no hay salvación fuera del nombre de Jesús (Hc 4:12). La cristología exclusivista asiática o de cualquier otro continente no reconoce ningún valor salvífico en otras religiones. Para salvarse hay que bautizarse, bien sea de agua y del Espíritu, por la sangre (martirio) o por deseo, como por ejemplo, el catecúmeno que muere antes de ser bautizado. La Iglesia católica rechazó esta posición en el Concilio Vaticano Segundo a favor de la posición de inclusión.

La cristología asiática de inclusión tendría muchos proponentes académicos, por ejemplo las teologías asiáticas de la liberación que abogan por los pueblos oprimidos en Asia como los minjung de Corea del Sur, los dalits o intocables de la India y los burakumin del Japón. También podrían destacarse los siguientes teólogos asiáticos que suscriben a una cristología de inclusión: Seiichi Yagi (Japón), Choan-Seng Song (Corea del Sur), Madathilparampil Mammen Thomas (India) y Kosuke Koyama (Japón).

Los que favorecen la inclusión proponen que otras religiones tienen poder salvífico pero que esta eficacia se deriva del misterio pascual. La capacidad soteriológica de las religiones no-cristianas

---

5. Todd M. Johnson, "Christianity in Global Context: Trends and Statistics," p. 2 Preparado para el Pew Forum on Religion & Public Life: http://pewforum.org/events/051805/global-christianity.pdf. Obtenido el 10 de noviembre, 2009.

es por medio de y a través de Jesucristo aunque estas tradiciones no lo reconocen. Los creyentes de otras tradiciones que creen en el verdadero Dios, que evitan el mal y que buscan el bien son, como dice Karl Rahner, S.J., "cristianos anónimos". Rahner y quienes creen en la inclusión tratan de mantener en tensión la voluntad salvífica universal de Dios (1 Tim 2:4) y lo excepcional de la revelación en Cristo para la salvación (Hc 4:12).

La salvación es posible si uno es creyente en otra tradición, pero es muy difícil. La norma máxima de la salvación y la plenitud de la salvación es solamente en y a través de la fe en el misterio pascual. Esta posición es muy similar a la del magisterio de la Iglesia que Juan Pablo II expresó en *Redemptoris Missio* (1991) donde argumentó que la evangelización y el diálogo inter-religioso son distintos, complementarios y enfoques necesarios para la misión de la Iglesia en el mundo de hoy, que en el campo de la religión es pluralista.

Concluimos con las cristologías asiáticas pluralistas propuestas por teólogos como Stanley J. Samartha de la India y Katsumi Takizawa del Japón. Los pluralistas rechazan la superioridad de Jesucristo como la revelación definitiva y normativa de Dios. Ellos reconocen la independencia de otras tradiciones religiosas y la eficacia salvífica de estas otras religiones. La Iglesia es uno de los muchos caminos a la salvación, y la salvación puede darse sin haber ninguna relación con Jesucristo. Según ellos, cada religión es excepcional pero no absoluta ni superior a ninguna otra.

Las preocupaciones de la Santa Sede

Hoy día, la explosión de cristologías ha llevado a la Congregación para la Doctrina de la Fe (CDF) y la Comisión Teológica Internacional (CTI) a formular, desde el año 1979, una serie de directrices en varios documentos para evitar formulaciones cristológicas erróneas. Aquí seguimos el resumen de estas directrices compilado por el

Monseñor Luis Antonio G. Tagle, obispo de Imus en Filipinas.[6] Él agrupa las preocupaciones de la Santa Sede en seis grupos: la metodología cristológica, la persona de Jesucristo, la relación entre Jesucristo y la revelación divina, el significado de la redención, la unicidad y la universalidad de la salvación en Cristo.

La metodología cristológica

A la Santa Sede le preocupan ciertas metodologías teológicas que, de forma acrítica, toman prestados conceptos y presuposiciones de ideologías como el marxismo y los aplican a la cristología. Este modo de elaborar la cristología tiende hacia una imagen unívoca de Cristo, o sea que le da prioridad a la dimensión política, dejando en segundo lugar la novedad radical del testimonio del Nuevo Testamento de su persona y su misión. La enseñanza de la Iglesia sobre Cristo, que nace del mandato que él le dio a los Doce de enseñar con autoridad, también se juzga como una imposición de la "clase dominante" sobre la "clase oprimida" y por lo tanto frecuentemente se olvida o incluso se rechaza. Una cristología que se conduce exclusivamente "desde la base" puede llevar al reduccionismo teológico. Un método basado sólo en lo que se experimenta acaba por ser excesivamente individual, sin ofrecerle el lugar adecuado a la verdad objetiva y normativa de la revelación de Dios en Jesucristo.

Jesucristo

Algunos métodos, al esforzarse por darle "cultura" a la cristología, han llegado a interpretar al Verbo encarnado de una forma excesivamente metafórica o meramente simbólica. La tradición que la filosofía cristiana griega del período patrístico transmitió se ha abandonado fácilmente debido a que los términos cristológicos clásicos – persona, naturaleza y satisfacción vicaria – hoy día no significan lo mismo que significaban en el pasado.

---

6. Véase Luis Antonio G. Tagle, "Ambigüedades y dificultades que pueden llevar a posiciones erroneas en la Cristología: Investigación sobre las opiniones post-Vaticano II": http://www.clerus.org/clerus/dati/2001-11/30-999999/04sp.html. Obtenido el 10 de noviembre, 2009.

Un tipo de investigación puramente histórica acerca de Jesús ha llevado a algunos teólogos a negarle un lugar en la cristología al testimonio de la fe de las primeras comunidades cristianas. Algunos dichos y obras de Jesús, tal y como la Sagrada Escritura los relata, se minimizan si no se pueden probar científicamente como parte de su "biografía". Se considera la pre-existencia del Verbo como algo ajeno a la naturaleza humana de Jesús. En lugar del testimonio de la fe, lo que domina es la reconstrucción de la figura histórica de Jesús. A veces los supuestos filósofos y sicólogos modernos son quienes hacen esta reconstrucción, pero los mismos niegan la posibilidad de lo trascendente. Hoy día, una idea tiende a oponer al Jesús de la historia y al Cristo de la fe, poniendo en duda la unidad personal de Jesús y el Cristo. La perspectiva liberacionista enfatiza la experiencia revolucionaria o de la lucha de los pobres por su liberación y le da la preferencia al Jesús de la historia como si el Cristo de la fe no hubiera vivido dicha "experiencia revolucionaria".

En el enfoque exclusivamente "experimental" se tiende a presentar a Jesús sólo como un hombre bueno, un profeta y una persona comprometida con la promoción humana y social de los otros – una "parábola de Dios". Pero Jesús es verdadero Dios y verdadero hombre, en la unidad de la persona divina del Hijo. Incluso, la resurrección se presenta más como la experiencia de conversión de los discípulos bajo el poder o la acción del Espíritu Santo, que como un "hecho objetivo" de Jesús como Señor glorificado e Hijo de Dios.

La relación entre Jesucristo y la revelación divina

Algunas personas enseñan que Jesús es el Hijo de Dios, pero que el Hijo de Dios es alguien más que Jesús. Dicho enfoque facilita la percepción de la presencia del *Logos* en las otras religiones, pero se desvía peligrosamente del Nuevo Testamento, el cual concibe al

Logos en relación a Jesús. Una variante de esta tendencia consiste en separar la acción salvífica del Verbo como tal de la del Verbo hecho carne, atribuyéndole a la primera un ámbito más amplio que a la segunda.

El método puramente histórico crea dudas sobre la divinidad de Jesucristo. Cuestiona si Jesús fue verdaderamente divino o si esta concepción no es una distorsión helenística o del cristianismo del período patrístico, que la cultura y el pensamiento metafísico griego influyeron tanto. Lo mismo se afirma de la pre-existencia del Verbo, que tendría origen en fuentes míticas, helenísticas o gnósticas más que en la revelación de Dios.

En la perspectiva liberacionista la experiencia fundamental de Jesús es la lucha por la liberación de los pobres. El verdadero conocimiento de Dios y el Reino de Dios acontecen en esta lucha de liberación. La naturaleza "personal" de la revelación de Dios en Jesús es minimizada con respecto al énfasis político.

Algunos teólogos, deseosos de promover el diálogo inter-religioso, proponen la teoría de la revelación limitada, incompleta o imperfecta de Jesucristo. Esta revelación necesitaría que la completara la que se halla en otras religiones. Se rechaza la naturaleza definitiva y completa de la revelación salvífica de Dios en Jesucristo. A la CDF le preocupan los intentos de enculturar la fe que sustituyen la revelación de Dios en Jesucristo con una intuición de Dios sin forma o imagen. Este intento, bien intencionado pero mal logrado, pone en peligro la naturaleza personal de Dios y la revelación de Dios en Jesucristo de la fe cristiana.

La redención

La perspectiva liberacionista tiende a presentar a Jesús como el símbolo de la lucha de los pueblos oprimidos. La salvación eterna queda reducida a la liberación de la opresión política, social, cultural y económica y pone en segundo lugar la liberación del pecado. A menudo a la muerte de Jesús se le da una interpretación solamente política que ofusca su valor para la salvación eterna.

Enfoques más existenciales y "desde abajo" prefieren concebir la redención en Jesucristo como un proceso de "hominización" o crecimiento en valores humanos más que como la divinización de los seres humanos. La noción de la divinización se considera como un concepto helenístico que lleva a los seres humanos a huir del mundo y a negar los valores humanos. Se prefiere la hominización porque realiza todo lo que es humano en la historia y no en una dimensión escatológica. Esta tendencia no le rinde plena justicia a la realidad trascendente de la divinización que se presenta en el Nuevo Testamento.

La unicidad y universalidad de la salvación en Cristo

Se nota la tendencia de evitar las nociones de unicidad, universalidad y de carácter absoluto cuando se trata de la salvación en Jesucristo. Una cristología errónea solamente prefiere atribuir un valor normativo a la mediación salvífica de Jesús, no por su encarnación y el misterio pascual, sino en tanto que su persona y su vida revelan el amor de Dios de la manera más clara y completa. Otra teoría, conocida como la "cristología no-normativa" o la que en este libro se ha llamado la cristología pluralista, no considera a Jesús como el mediador único y exclusivo de la salvación. Jesús podría ser un camino adecuado hacia Dios para los cristianos, pero no se debería considerar que es el único. Él revela lo divino complementando a otras figuras reveladoras y salvíficas. Jesús es un maestro entre otros maestros, con la única diferencia que Jesús es el más iluminado, consciente y libre.

La teoría de la salvación del Verbo eterno fuera de la Iglesia, además de la economía de la salvación del Verbo encarnado limitada a los cristianos se ha propuesto con el objetivo de armonizar la universalidad de la salvación en Cristo con la realidad del pluralismo religioso. La primera tendría un valor universal mayor, si la segunda fuera más completa y total. Dicho enfoque tiende a dividir al Verbo de Dios del Verbo hecho carne y postula dos economías de salvación por separado. Otros teólogos proponen una economía del Espíritu Santo con un alcance más universal de la del Verbo encarnado. Pero la fe cristiana sostiene que la encarnación salvífica del Verbo es un evento trinitario y que la acción del Espíritu Santo no se sitúa fuera de o paralelamente a la acción de Jesucristo.

Conclusión

Jesucristo nació en el Medio Oriente y no ni en Europa ni en Norteamérica. Su cultura fue semita y no europea, sin embargo las categorías filosóficas europeas y sus presupuestos socio-culturales han dominado el cristianismo y la cristología. Por muchos siglos a Jesucristo se le consideró como el Dios europeo, representado como un hombre blanco. Desde el crecimiento del cristianismo en el mundo en desarrollo que comenzó en el siglo XIX y el movimiento de contextualización o enculturación que esto desató en la Iglesia en el siglo XX, las cristologías contextuales en América Latina, África y Asia han tratado de presentar al Señor de tal manera que sea más reconocido por el Sur global donde hoy día se encuentra la mayoría de los cristianos.

Este movimiento de adaptación ha producido un gran número de cristologías que han contribuido a que Jesucristo sea aceptado y entendido mejor fuera de Europa y Norteamérica. Sin embargo, esta productividad cristológica ha creado ciertos desafíos para la expresión ortodoxa de la fe cristiana y la unidad de la Iglesia en su regla de fe y manera de rendirle culto al Señor. La Santa Sede ha expresado ciertas preocupaciones acerca de la manera como las cristologías contextuales que hemos visto en este capítulo han tratado de entender y presentar a Jesucristo a la vez que la Iglesia sigue comprometida con la labor de la enculturación de la fe en los continentes africano y asiático. La Iglesia también está convencida del valor de esta manera de proceder que considera que, para ser cristiano, no hay que abandonar lo mejor de su cultura y convertirse en europeo o norteamericano.

Para comentar y reflexionar

- ¿Qué valor, personal o para tu comunidad, encuentras en las cristologías contextuales que se presentaron?
- ¿Qué te confunde de las cristologías contextuales que se presentaron?
- ¿Qué peligro ofrece una metodología cristológica reduccionista?
- ¿Qué hay detrás de la construcción de una cristología no-normativa?
- ¿Cuál es el valor de las categorías teológicas helenistas de la época patrística?

EPÍLOGO

Hemos discutido partes importantes de nuestra rica herencia cristológica cristiana que, a lo largo de los siglos y con la ayuda del Espíritu Santo, ha tratado de responder a la pregunta evangélica: Y tú, ¿quién dices que soy yo? (Mc 8:27, Mt 16:15, Lc 9:18). Es una pregunta que Jesús nos hace a cada uno de nosotros y que tenemos que responder personalmente. Sin embargo, no estamos solo al responder. Tenemos la ayuda del mismo Espíritu de Jesús que nos ilumina e incluso ora por nosotros cuando las palabras nos fallan. Además, y como hemos visto en este manual, tenemos la ayuda de un esfuerzo intelectual, la cristología, que es tan antigua como el mismo cristianismo que ha buscado entender y presentar a Jesucristo en su complejidad, genialidad, belleza y verdad a través de los siglos hasta hoy día.

Podríamos pensar que esa herencia cristológica nos absuelve de intentar de dar nuestra propia respuesta a la pregunta de quién es Jesucristo. Incluso podríamos pensar que nuestra respuesta no se podría comparar con los esfuerzos tan doctos y sutiles que hemos repasado. Pero esta manera de pensar no sería del Buen Espíritu, como diría San Ignacio de Loyola. Si es verdad que no todos estamos capacitados, inclinados o llamados a ser teólogos o teólogas profesionales, y que incluso la teología no es necesaria para la salvación o para ser buen cristiano, también es verdad que todos estamos llamados a dar testimonio ante otros de nuestra esperanza que es Cristo Jesús (1Pe 3:15).

Todos estamos invitados y comisionados a conocer y amar al Señor en virtud de nuestra identidad bautismal. En las palabras del himno que tanto se escucha en nuestras comunidades hispanas de EE.UU., "Pescador de hombres", sonriendo él ha dicho nuestro nombre y nos invita a continuar su misión evangelizadora de anuncio y construcción del reino con su ayuda. Esperamos que este manual sirva como un buen recurso para la invitación que el Señor hace de conocerles y amarles mejor para así seguirlo y compartirlo mejor con un mundo que está tan necesitado y sediento del agua viva que sólo él puede darnos.

TÉRMINOS CLAVES

Adopcionismo. Herejía cristológica primitiva que considera que Jesucristo no es Dios sino un hombre adoptado por Dios con dones espirituales superiores a cualquier otra persona.

Analogía de la fe. Véase Rom 12:6. Analogía significa semejanza en diversidad. Teológicamente, es la unidad coherente pero distinta o variada de la fe que explica la variedad de formulaciones de la fe y la coherencia entre sí de esas verdades.

Arrianismo. La herejía cristiana primitiva desarrollada por el sacerdote Arrio de Alejandría en Egipto que dice que el *Logos* o la Palabra eterna de Dios es la primera criatura. O sea, sólo Dios es divino. El *Logos* fue la primera criatura del Padre por quien todo fue hecho.

Cartas paulinas o deutero-paulinas. Se refieren a 6 de las 13 cartas que el Nuevo Testamento le atribuye a San Pablo y que probablemente él no escribió, sino sus discípulos. Es decir son cartas seudónimas, costumbre muy del tiempo pos-apostólico para honrar y autorizar documentos. Las cartas paulinas son: 2 Tesalonicenses, Colosenses, Efesios, 1 y 2 Timoteo y Tito. Las cartas a Timoteo y a Tito también se conocen como las cartas pastorales porque su contenido trata de la organización de la estructura y oficios de las primeras comunidades cristianas.

Cartas católicas. Santiago, 1 y 2 Pedro, 1, 2 y 3 Juan y Judas, se conocen como las cartas católicas porque tienen consejos que son útiles para todas las iglesias. Probablemente las personas que les dieron sus nombres no escribieron estas cartas, sino discípulos suyos. Es decir, son cartas seudónimas, costumbre muy del tiempo pos-apostólico para honrar y autorizar documentos.

Concilios ecuménicos o generales. Un concilio es una reunión de todos los obispos de la Iglesia para resolver un problema de importancia que impacta a todos los creyentes. Hay siete concilios ecuménicos o generales que son normativos para casi todas las Iglesias de oriente y de occidente. Los siete concilios ecuménicos son: Primero de Nicea, 325 d.C., Primero de Constantinopla, 381 d.C., Éfeso, 431, Calcedón o Calcedonia, 451 d.C., Segundo de Constantinopla, 553 d.C., Tercero de Constantinopla, 680-681 d.C. y Segundo de Nicea, 787 d.C. El último en occidente fue el Concilio Vaticano II (1962-1965).

El Cristo de la fe. El Cristo que nos propone la Iglesia y en el que los cristianos, en comunión con ella, creemos. Por su Espíritu, especialmente en el sacramento de la Eucaristía, tenemos acceso a ese Jesús glorificado. Hay una conexión o continuidad entre el Jesús de la historia y el Cristo de la fe.

Cristología alta o descendiente. Perspectiva cristológica que comienza su consideración de Jesucristo desde su divinidad o pre-existencia. Tiene que completarse por la perspectiva de la cristología baja para ser una cristología ortodoxa.

Cristología baja o ascendiente. Perspectiva cristológica que comienza su consideración de Jesucristo desde su humanidad o vida y ministerio terrenal. Tiene que completarse por la perspectiva de la cristología alta para ser una cristología ortodoxa.

Cristología del Logos. San Justino Mártir, es el exponente máximo de esta cristología que utiliza el prólogo del Evangelio de San Juan que habla de la Palabra o *Logos* que se hizo carne, para combinar el testimonio evangélico con la filosofía griega que consideraba que *Logos* era el principio que ordenaba el universo e impedía que se convirtiera en caos. Para San Justino el *Logos* de Dios o la Palabra de Dios era ese principio divino de orden cósmica. Sin embargo, la cristología del *Logos* no logró explicar si el *Logos* o la Palabra de Dios era o no era inferior a Dios.

Depósito de la fe. Término teológico que se refiere al contenido de la fe cristiana recibida por los Apóstoles de Jesucristo y articulada lentamente por ellos y por sus sucesores en los evangelios, credos, la liturgia y el arte de la Iglesia.

Diálogo inter-religioso. El intercambio respetuoso de ideas entre los discípulos de creencias religiosas diferentes para promover la comprensión mutua y buscar la verdad.

Docetismo. Herejía cristológica primitiva que presenta a Jesucristo no como verdadero Dios y verdadero hombre, sino como un Hijo que no es más que el Padre manifestándose como hombre, o sea, disfrazado de hombre.

Escatología aplazada. Un entendimiento teológico de la venida de Jesucristo que no lo espera inmediatamente.

Escatología inminente. Un entendimiento teológico de la venida de Jesucristo que lo espera inmediatamente.

Escatología realizada. Un entendimiento teológico de la venida de Jesucristo en gloria que lo cree ya presente, especialmente en la Iglesia, en su Cuerpo Místico y en sus sacramentos, en particular en la Eucaristía, su verdadera presencia en forma de pan y vino que ya tenemos con nosotros de una manera sacramental.

Escaton. Palabra griega que significa el final de los tiempos cuando los cristianos esperan la segunda venida de Jesucristo.

La escuela cristológica de Alejandría (Egipto). Teólogos encabezados por San Cirilo que enfatizaba la divinidad de Jesús y sostenía que su alma racional quedaba asumida pero no eliminada o absorbida por su naturaleza divina. El Verbo Eterno nació según la carne.

La escuela cristológica de Antioquía (Siria). Teólogos encabezados por el hereje Nestorio que tanto defendían la humanidad de Jesús, que afirmaban que María era la madre de Jesús y no la madre de Dios.

Evangelion. Palabra griega de la cual proviene la nuestra, evangelio. Significa buen mensaje o buena noticia.

Evangelios apócrifos. Aquellos evangelios que cuentan la identidad y vida de Jesús que fueron rechazados por la Iglesia al presentar un retrato de Jesús que no acordaba con la fe apostólica. Véase *evangelios gnósticos*.

Evangelios gnósticos. Evangelios apócrifos asociados con un movimiento cristiano primitivo conocido como los gnósticos, de la palabra griega *gnosis* o conocimiento, que rechazaba muchos elementos de la fe apostólica y pública, y mantenía que se había recibido una revelación superior y secreta. Los evangelios gnósticos suelen presentar solamente una cristología alta ya que desprecian todo lo material que consideraban inferior y malo. Ejemplos de evangelios gnósticos incluyen los evangelios de Tomás, Pedro y Santiago.

Evangelios sinópticos. Los Evangelios de Marcos, Mateo y Lucas. Así llamados porque se pueden poner lado a lado y ver muchas semejanzas entre los tres, especialmente en la cronología de la vida pública de Jesús, sus obras y dichos.

Exégesis canónica o teológica. Hermenéutica bíblica o manera de interpretar la Biblia que lee los textos bíblicos individuales en el contexto de todo el testimonio bíblico. Los exégetas protestantes estadounidenses Ed Parish Sanders y Brevard S. Childs la desarrollaron.

Fuente Quelle o Q. Proviene de la palabra alemana *quelle* que significa fuente. Se refiere al material bíblico que los evangelistas Mateo y Lucas comparten, es decir, que aparece en esos dos evangelios pero no en el de Marcos ni el de Juan. Las personas que estudian la Biblia nunca han encontrado un documento escrito con este material, pero creen que existe. Quizás nunca fue escrito, sino que circuló sólo de forma oral y los autores de Mateo y Lucas lo conocieron y utilizaron para escribir estos evangelios.

Fuga mundi. Frase latina que significa huída del mundo. Es la espiritualidad que caracteriza el monasticismo. Los monjes y las monjas se retiran del mundo para buscar la paz de Cristo que el mundo no puede proveer (Jn 15:27). A través de su configuración al Cristo humilde, pobre y casto, estas personas tratan de vivir la vida de oración y negación personal por medio de sus votos de pobreza, obediencia y castidad.

Gentiles. Significa los pueblos no-judíos. A San Pablo se le llama el Apóstol de los gentiles por su labor misionera entre los pueblos no-judíos del Mediterráneo.

Gnosticismo. Herejía primitiva cristiana que consideraba la creación y todo lo material como una realidad mala e inferior a lo espiritual. Entre muchas otras cosas negaban la Encarnación de la Palabra eterna y su nacimiento según la carne como Jesús, el hijo de María y de Dios. Consideraban que gran parte de los evangelios aceptados como inspirados del Espíritu Santo por la Iglesia eran inferiores por no ser lo suficientemente espirituales. Creían en un conocimiento especial o gnosis que solamente se les revelaba a las personas especiales y espirituales y no a todos los bautizados que se consideraban como demasiado rudos e inferiores para recibirlo.

Homousios. Palabra griega que significa de la misma naturaleza o sustancia. El Primer Concilio de Nicea (325 d.C.) afirmó que Jesús fue engendrado del Padre y no creado, es Dios de Dios y del mismo ser o naturaleza que el Padre, o sea, consustancial con el Padre.

Hypostasis. Palabra griega que significa naturaleza o esencia y que se entenderá en la cristología, por declaración dogmática solemne del Concilio de Calcedón (451 d.C.) como la unión hipostática o de las dos naturalezas de Jesucristo, humana y divina, en una sola persona.

El Jesús histórico o de la historia. Puede entenderse de dos maneras. La primera es el hombre Jesús que caminó por el mundo hace dos mil años y vivió en Palestina. También se entiende al Jesús histórico de una manera más técnica o especializada en la cristología, o sea, una reconstrucción histórica que emplea fuentes bíblicas y no bíblicas para dibujarnos un retrato crítico o una aproximación de quién fue el Jesús que vivió hace 2,000 años.

Kenosis. Palabra griega que significa rebajarse o vaciarse. San Pablo la usó para explicar lo que le pasó al Verbo eterno cuando se encarnó de Santa María Virgen y se hizo hombre. Véase Fil 2:6-11.

Kerigma. El anuncio de fe cristiana más antiguo que declara que Jesús, crucificado y resucitado por Dios, es el Señor. Véase Hch 2:22-25 y 2:36.

Las parábolas de Jesús. Son cuentos cortos y misterios de la vida cotidiana que Jesús empleó como su manera predilecta de enseñar. Hacen que sus oyentes piensen y se hagan preguntas de los temas presentados, como por ejemplo, en las parábolas del reino (Mc 4:1-34).

Metafísica. Aquella rama de la filosofía que se preocupa por las primeras cosas, o sea por qué existimos, la existencia como tal, el alma, etc. Entre los grandes metafísicos podemos nombrar a los griegos de la antigüedad como Platón y Aristóteles.

Monarquismo. Aquella posición teológica influida por el desprecio griego de lo natural que por tanto no admite que un Dios soberano y todopoderoso pueda tener pluralidad o rebajarse a mezclarse con su creación. Para ellos es un tremendo insulto considerar que Dios, el Verbo eterno, se encarnó de Santa María Virgen por obra del Espíritu Santo y asumió nuestra naturaleza humana en Jesucristo.

Monofisitismo o Monofisismo. Herejía cristiana primitiva condenada por el Segundo Concilio de Constantinopla (553 d.C.). Los monofisitas mantenían que Jesús solo tenía una naturaleza divina que absorbió su alma racional o humana.

Ortopraxis. Literalmente significa prácticas correctas. Categoría de la teología de la liberación para actuar a favor del pobre que promueve la liberación de la injusticia y que está de acuerdo con los principios del Reino de Dios que Jesucristo proclamó.

Panteísmo. La herejía que identifica a Dios con su creación como si ésta fuera divina.

El pecado social o estructural. Las estructuras sociales creadas por los seres humanos que destruyen la dignidad y explotan a los pobres en nombre del lucro. Categoría de la teología de la liberación que ha sido incorporada a la doctrina social de la Iglesia a través de las encíclicas sociales de Juan Pablo II.

El proceso evolucionista teleológico. Una manera de entender la evolución de las especies que le atribuye una finalidad planeada por un ser inteligente y hacia la cual se dirige. Para los cristianos esto se puede identificar con Dios.

Prosopon. Palabra griega que significa persona y que tiene su origen en las máscaras utilizadas por actores antiguos. Concepto clave, proclamado solemne y dogmáticamente por el Concilio de Calcedón (451 d.C.) para entender la unión hipostática de las dos naturalezas de Jesucristo en su única persona divina.

Racionalismo. Movimiento filosófico del siglo XVIII o de la Ilustración que solamente reconoce la razón humana y sus categorías y operaciones como el único criterio de la verdad. Se opone a la metafísica o la filosofía especulativa que busca los principios fundamentales de la existencia.

Romanticismo. Movimiento político y cultural del siglo XIX que ensalza la naturaleza, las emociones y a la persona libre de todo tipo de convenciones que percibe como opresivas para su vitalidad y creatividad.

El secreto mesiánico. En el Evangelio de San Marcos se refiere a las muchas veces (Mc 1:40-45; 5:21-24, 35-43; 7:31-37; 8:22-26) que Jesús les ordena a los demonios que expulsa o a sus discípulos que no revelen su identidad para que no se confunda con el esperado Mesías político. El biblista William Wrede identificó esto en el año 1901. En Marcos la identidad de Jesús se revela definitivamente de nuevo en la cruz como el Mesías sufriente y el centurión la reconoce cuando lo identifica como el Hijo de Dios (Mc 16:39).

Sensus fidelium. Es literalmente el sentido de la fe que los fieles tienen o, en otras palabras, la fe vivida de los creyentes. No debe confundirse con encuestas de opinión. La teología hispana estadounidense la considera como una fuente teológica privilegiada, especialmente en su manifestación de la religiosidad popular.

Soteriología. Aquella rama de la teología que investiga la salvación y los temas asociados con ella.

Teoría de la satisfacción. Soteriología cristológica de la Edad Media desarrollada por San Anselmo de Canterbury. Jesús muere en la cruz por los pecados de la humanidad. Es un acto que no se le exige porque él no tiene pecado. Pero precisamente porque es inocente y muere en la cruz voluntariamente por nuestros pecados, su sacrificio es expiatorio y satisface la justicia divina. Por lo tanto, Cristo es la persona que murió en sustitución por nuestros pecados.

Teología contextual. Además de la experiencia humana personal y de la cultura, tanto secular como religiosa, la teología contextual considera que la ubicación social de un grupo o de una persona puede ser fuente de la reflexión teológica, como por ejemplo, su clase social, género sexual, raza, etnicidad e incluso su orientación sexual. Finalmente, los eventos o cambios sociales importantes también pueden considerarse "signos de los tiempos" que han de examinarse para discernir la acción de Dios en ellos.

Teología histórica. Rama de la teología que estudia las doctrinas cristianas en su contexto no solamente para entenderlas como se entendían en el pasado, la labor de los historiadores de la Iglesia, sino para sacarle provecho para nuestra época y para ver lo que esas doctrinas históricas nos dicen hoy a nosotros.

Theotokos. Título griego para la Virgen María que significa Madre de Dios. La escuela alejandrina de teología lo defendió para salvaguardar la humanidad y divinidad plenas de Jesucristo, Hijo de Dios nacido de una mujer por obra del Espíritu Santo.

Unión hipostática. Es la unión de las dos naturalezas de Jesucristo, humana y divina, en una sola persona divina. El Concilio de Calcedonia (451 d.C.) la definió solemnemente.

BIBLIOGRAFÍA SELECTA

Documentos del Magisterio

Benedicto XVI, *Deus caritas est* (2005): http://www.vatican.va/holy_father/ benedict_xvi/encyclicals/documents/hf_ben-xvi_enc_20051225_ deus-caritas-est_sp.html. Obtenido el 11 de noviembre, 2009.

El Catecismo de la Iglesia Católica, especialmente La Primera Parte, Segunda Sección, Capítulo Segundo que trata de Jesucristo en la profesión de fe, ##422-682.

Congregación para la Doctrina de la Fe, *Dominus Iesus* (2000): http://www. vatican.va/roman_curia/congregations/cfaith/documents/rc_con _cfaith_doc_20000806_dominus-iesus_sp.html. Obtenido el 11 de noviembre, 2009.

Juan Pablo II, *Redemptor Hominis* (1979): http://www.vatican.va/edocs/ ESL0038/_INDEX.HTM . Obtenido el 11 de noviembre, 2009.

Juan Pablo II, *Redemptoris Missio* (1990): http://www.vatican.va/edocs/ESL0040/_INDEX.HTM. Obtenido el 11 de noviembre, 2009.

Libros

Benedicto XVI, *Jesús de Nazaret: desde el bautismo en el Jordán hasta la transfiguración*. Nueva York: Doubleday, 2007.

Comisión Internacional Teológica, *Cuestiones selectas de cristología* (1979): http://www.mercaba.org/CTI/9_cuestiones_selectas_de_cristol.htm. Obtenido el 11 de noviembre, 2009.

Virgilio Elizondo, *Galilean Journey: The Mexican American Promise*. Maryknoll, NY: Orbis Books, 2000.

Roberto S. Goizueta, *Caminemos con Jesús: Toward a Hispanic/Latino Theology of Accompaniment*. Maryknoll, NY: Orbis Books, 1995.

Volker Küster, *The Many Faces of Jesus Christ: Intercultural Christology*. Maryknoll, NY: Orbis Books, 2001.

Jaroslav Pelikan, *Jesus through the Centuries: His Place in the History of Culture*. New Haven, CT: Yale University Press, 1999.